Archiv Nr. 24

Claude Jeanmaire

Schweizer Eisenbahnen

Chemins de fer suisses

Famous Swiss Railway Engines

Inhaltsverzeichnis

Archiv Nr. 24

Schweizer Eisenbahnen

Berühmte Triebfahrzeuge auf schweizerischen Eisenbahngleisen

Ein fotografisches Portrait der vergangenen 130 Jahre
Von Claude Jeanmaire

Chemins de fer suisses

Une rencontre avec des locomotives suisses de grande renommée des dernières 130 années

Par Claude Jeanmaire

Famous Swiss Railway Engines

Photographs of well-known engines used by the Swiss Railways in the last 130 years

By Claude Jeanmaire

 ISBN 3 85649 024 8

Verlag Eisenbahn

Buchverlag für Eisenbahn- und Strassenbahnliteratur, Spielzeug- und Modellbahnbücher
Edition de livres sur les chemins de fer et les tramways, livres de jouets anciens et de modèles de trains
Publisher of books on railways, tramway systems, early toys and model railways

Verlag Eisenbahn Gut Vorhard
CH-5234 Villigen AG, Schweiz/Suisse/Switzerland

Einleitung

Das «Gesicht» der schweizerischen Eisenbahnen wird zwar durch vielfältige Eigenschaften mitgeprägt, doch ganz besonders durch die Lokomotiven und Triebwagen — die Zugpferde unserer Züge. Jede Bahn ist am meisten durch die sichtbaren Anlagen geprägt, und was ist für den Aussenstehenden schon besser zu sehen als eben die Triebfahrzeuge, die zudem fast jedem Zug vorangestellt sind.

Es ist nun gerade dieses Erscheinungsbild auf dem eisernen Strang, das in diesem Buch besonders gewürdigt wird. Denn wie in vielen Bereichen weist die Schweiz auch hier eine eigene technische Entwicklung auf. Ein eigenes Design, das die Lokomotiven und Triebwagen durch Jahrhunderte prägte und zu einem Leitfaden durch die Geschichte unserer schienengebundenen Transportmittel wurde. Logisch, dass die allseitig von anderen Ländern und Einflüssen umgebene Schweiz hier und dort einen Stilbruch zu verzeichnen hatte und noch immer hat. Doch diese konnten sicher verschiedentlich mit positiver Wirkung Trends ableiten oder abschwächen. Der schweizerische Geist aber kommt immer wieder zu eigenen, individuellen Lösungen, wie das natürlich auch in anderen Ländern beobachtet werden kann. Sei es in der Vergangenheit, sei es heutzutage oder für die Zukunft.

Das begann bereits mit der Dampflokomotive, die im Gegensatz etwa zu rein deutschen oder anderen Entwicklungen eigene einfache, klare und funktionelle Linien aufweist. Bei der Dampflokomotive haben wir es überdies mit einer heute abgeschlossenen Entwicklung zu tun. Nicht so bei den Diesel- oder elektrischen Lokomotiven. Weder die innere noch die äussere Entwicklung sind hier abschliessend überschaubar. Und wir werden uns noch auf manche Überraschungen gefasst machen können.

Erwähnenswert wären zwar Details der Dampflokomotiven wie Zylinder, Feuerbüchsen, Puffer, Räder oder auch die Lokpfeifen. In der Schweiz wurde diese Entwicklung schon sehr bald von einer Firma geprägt: der Schweizerischen Lokomotiv- und Maschinenfabrik (SLM) in Winterthur. Verfolgen wir also das Aussehen dieser typisch schweizerischen Lokomotiven und Triebwagen in allen Arten und Abarten. Immer wieder stossen wir auf diesbezügliche Eigenarten unseres Landes, die einer Betrachtung jederzeit wert sind.

Für einmal werden wir ein Buch vorlegen, das bezüglich der bisher üblichen Normen von Eisenbahnliteratur der Schweiz neue Impulse bringen soll. Ansonsten sind es unsere Leser ja gewohnt, die Lokomotiven und Fahrzeuge unbeschnitten zu Gesicht zu bekommen. Dieses Mal legen wir Wert darauf, das eingangs erwähnte prägende «Gesicht» in den Vordergrund zu rücken, ohne eingehende Fahrzeugbeschreibung. Das Bild mag sprechen und dazu beitragen, dass der Betrachter ohne lange zu überlegen die Gattungen und Typen zu unterscheiden vermag. Durch die Art und Grösse der Bilder sollen den Eisenbahnfreunden neue Bezugspunkte zu ihrem Hobby aufgezeigt werden. Fast so wie derjenige Modellbahner, der sich auch einmal unkonventionell «auf den Bauch legt», um seine Modellbahn «hautnäher» zu erleben, zu beobachten.

Claude Jeanmaire

(Text auf folgender Seite)

Schweizer Dampflokomotiv-Typen

2 Mit dieser Lokomotive begann der Eisenbahnbetrieb in der Schweiz anno 1847 zwischen Zürich und Baden. Schweizer Gebiet wurde zwar bereits 1844 von der Elsässerbahn auf einer kurzen Strecke befahren (vgl. Band 3). Doch die «Spanisch-Brötli-Bahn» war mit derartigen Lokomotiven die erste Schweizer Bahn. Die «Limmat» wurde 1947 von den SBB und der SLM nachgebaut und kann im Verkehrshaus Luzern oder bei seltenen Sonderfahrten beobachtet werden. Aufnahme 1947 in Zürich. (Foto SBB)

1 Vorangehende Seite: Das Gesicht der Centralbahn-Engert-Tenderlokomotive Ec 2/5 Nr. 6999, nach 1902 bei den SBB aufgenommen. Bemerkenswert sind die Exzentersteuerung von Allen und die grossen Nassdampfzylinder. (Archiv VHS)

Umschlagbild I: Eine elektrische Lokomotive der BLS, der Berner-Alpenbahn-Gesellschaft, 1972 in Kandersteg aufgenommen. Die Re 4/4 Nr. 168 mit einem Personenzug in Richtung Brig. (Foto C. Jeanmaire)

Umschlagbild II: Das «Gesicht» der Dampflokomotive G 3/3 Nr. 5 der Waldenburgerbahn, die in diesem Jahr zum Anlass der 100-Jahr-Feier wieder in den Betrieb kam. Die gänzliche Rekonstruktion war nicht gerade einfach, da bedingt durch Alter, Betrieb und jahrelange Aufstellung im Freien die Lokomotive sehr gelitten hatte. (Werkbild SLM)

3 Ein Zug der Nordostbahn mit der Lokomotive E 2/2 Nr. 48 im Bahnhof von Bülach. Wir beachten die sehr alten Personen- und den Gepäckwagen der NOB. Das Bild dürfte um 1875 entstanden sein. An der Lokomotive sind bereits «moderne» Puffer erkennbar. (Archiv VHS)

4 Das dürfte eines der ältesten Schweizer Eisenbahn-Fotos sein. Es zeigt den ersten Zug auf der erst eingleisig ausgebauten Strecke Morges–Bussigny der Bahn Ouest Suisse anno 1856. (Archiv VHS)

5 Die Dampflokomotive D 2/4 «Rhein» ist eine der ersten vier Dampflokomotiven der Spanisch-Brötli-Bahn (Zürich–Baden). Hier auf der Drehscheibe des alten Depots in Zürich (um 1865) mit der kompletten Mannschaft. Diese Lokomotive stand bei der Nordbahn/Nordostbahn zwischen 1847 und 1868 im Betrieb. (Archiv VHS)

6 Eine Anzahl früher Dampflokomotiven wurde von einem unbekannten Fotografen um 1865 im alten Depot Zürich der Nordostbahn auf grossen Platten aufgenommen. Diesem Umstand verdanken wir die Bildüberlieferung vom Aussehen sehr früher schweizerischer Dampfloktypen. Hier die Lokomotive «Töss», die vierte Lokomotive der Spanisch-Brötli-Bahn (vgl. Band 16 unserer Schriftenreihe). (Archiv VHS)

7 Ebenfalls im alten Depot Zürich entstand um 1865 dieses sehr frühe Lokfoto bei der Nordostbahn. Die Schlepptenderlokomotive C I Nr. 12/102/351 «Lindau». Wir beachten die Mannschaft. (Vgl. A. Moser: Der Dampfbetrieb der Schweiz. Eisenbahnen.) (Archiv VHS)

8 Wieder im Depot Zürich der Nordostbahn um 1865. Die Schlepptender-Dampflokomotive C I Nr. 11/101 mit dem Namen «Friedrichshafen». Erbaut für die damals neue NOB anno 1854 durch die Münchner Firma Maffei. Ausrangiert im Jahre 1885. Mit Lokomotivführer und Heizer. (Archiv VHS)

9 Auf diesem Bild ist nicht nur die Lokmannschaft versammelt, sondern alle diejenigen, die im und ums Depot arbeiten. Der Kaminfeger ebenso wie derjenige, der die Lampen mit Öl nachfüllt, Mechaniker, Monteure, der Depotchef, Reinigungspersonal, die Mannschaft, die mit Weidenkörben die Lokomotiven mit Kohle versorgt und Wasser «auftankt». Kurzum alle, die irgendwie dazugehören. Die Lokomotive B I Nr. 9/55 «Frauenfeld» der NOB um 1865 im Depot Zürich. (Archiv VHS)

10 Nordostbahn-Lokomotive D 2/2 Nr. 38 «Rigi» auf der Drehscheibe im alten Depot in Zürich. Eine Lieferung aus Esslingen, mit diesem besonderen Stütztender, um 1865. (Archiv VHS)

11 Lokomotive D 2/2 Nr. 36, zur Aufnahmezeit um 1865 im Depot Zürich noch alleine unter dem Namen «Reppisch» (ein Fluss im Aargau) C III Nr. 36 bekannt. Alle Lokomotiven dieser Gattung wurden von 1876 bis 1878 ausgemustert. (Archiv VHS)

12 Personenzuglokomotive der einstigen Vereinigten Schweizerbahnen. Sie wurde 1858 in Esslingen gebaut. Der Stossbalken ist ohne Puffer. Im Depot Zürich um 1865. (Archiv VHS)

13 Überführung von zwei Dampflokomotiven mit kurzen Gleisstücken zur Landesausstellung 1896 in Genf. Beide damals neue Lokomotiven der SLM (vgl. Band 16, Bild 109). Rechts eine Tramwaydampflok der schmalspurigen Genfer Dampfstrassenbahn. (Archiv VHS)

14 Unfall bei den SBB: eine Entgleisung der Dampflokomotive A 3/5 Nr. 796 in Zürich. Der geringen Geschwindigkeit wegen scheint der Vorfall noch glimpflich abgelaufen zu sein. (Archiv VHS)

15 Die Dampflokomotive C 3 T Nr. 507 der Jura–Simplon-Bahn anno 1895 nach dem Überfahren eines Prellbockes. (Archiv VHS)

16 Unfall durch einen Brückeneinsturz bei der Jura–Simplon-Bahn in Münchenstein am 14. Juni 1891. Zwei Lokomotiven stürzten in die Birs, 71 Opfer waren zu beklagen. Der Vorfall erhielt weltweite Beachtung und brachte Verbesserungen beim Bau und Unterhalt von Brücken. (Archiv C. Jeanmaire)

17 Dieser Unfall stammt aus neuerer Zeit: 1958 kam es in Basel zu einem heftigen Zusammenstoss zwischen der Rangierdampflokomotive E 3/3 Nr. 8480 und einem Strassenbahnzug der Hüninger Linie, nahe der Grenze zu Frankreich. (Verlagsarchiv)

18 Im Jahre 1890 bei der Nordostbahn: Die Entgleisung des Zuges 107 am 23. Juli 1890 bei der Abzweigung Oerlikon–Kloten mit der Dampflokomotive C 3 T Nr. 126. (Archiv VHS)

19 Die Schlepptender-Dampflokomotive «Fleurier» Nr. 23 in einem Bild um 1880. Eine Maschine der Suisse-Occidentale-Bahn, die eine innenliegende Steuerung besass. Eine frühe Form der Puffer. (Archiv VHS)

20 Die Nordostbahn-Lokomotive B 3 T Nr. 335 auf der Drehscheibe mit Mannschaft und Zugbegleiter um 1895. (Verlagsarchiv)

21 Satteltank-Tenderlokomotive «Romont» Ec 2/4 Nr. 6399 bei den Schweiz. Bundesbahnen, einst eine Einheit der Jura–Simplon-Bahn, bereits mit einem neueren Puffertyp. Zwischen Depot und Drehscheibe.

(Verlagsarchiv)

22 Die Dampflokomotive Eb 2/4 Nr. 5434. Eine Lokomotive, welche durch die Schweizerischen Bundesbahnen 1902 von der Centralbahn übernommen wurde, aufgenommen beim Depot in Bern. (Archiv VHS)

23 Die Centralbahn-Lokomotive Eb 2/4 Nr. 5434 «Rhône», im Zustand wie durch die Schweizerischen Bundesbahnen übernommen, kurz nach 1902. (Archiv VHS)

24 Ebenfalls von der alten Centralbahn ist diese Schlepptender-Lokomotive von den SBB übernommen worden; jetzt als B 3/4 Nr. 1463 abgebildet. (Verlagsarchiv)

25 Mallet-Schlepptender-Dampflokomotive D 4 T Nr. 179 der Schweizerischen Centralbahn, 1897. (Fotos SLM)
26 Gotthardbahn-Schlepptender-Dampflokomotive A 3 T Nr. 214 in einem Werkbild von 1898 der SLM.
27 Die Dampflokomotive A 3 T Nr. 202 der früheren Gotthardbahn, ein Werkbild von 1894 der SLM.
28 Werkaufnahme der SBB-Dampflokomotive C 4/5 Nr. 2618 vor der Ablieferung von 1912, bei der SLM aufgenommen.

202

2618

29 Energiekrisen gab es schon früher, auch bei den Schweizerischen Bundesbahnen. 1916 herrschte grosser Kohlenmangel; einige Lokomotiven sind deshalb zum Verbrauch von Holz hergerichtet worden. Die einstige Jura–Simplon-Lokomotive B 3/4 Nr. 1634 mit Kobelkamin. (Archiv VHS)

30 VSB auf der Tafel am Führerhaus bedeutet Vereinigte Schweizer Bahnen. Auf der Drehscheibe steht die Lokomotive A 3 T Nr. 102, die von 1890 bis 1901 in 15 Einheiten von der SLM beschafft wurde. (Archiv VHS)

31 Im Bahnhof Zweisimmen zwei Lokomotiven der Erlenbach–Zweisimmen-Bahn, die Ec 4/5 Nr. 15 und 16 vor einem Zug mit ausländischen Reisezugwagen. Im Hintergrund die Endstation mit Depot der MOB. (Archiv R. Stamm)

32 Dampflokomotive der Gotthardbahn A 3 T Nr. 215. Auch sie wurde später von den SBB übernommen und als A 3/5 Nr. 915 weiter betrieben.
(Archiv H. Hürlimann)

33 Die normalspurige Dampflokomotive Ed 4/5 Nr. 8 der einstigen Emmentalbahn ist noch immer für Sonderfahrten verwendbar. Aufgenommen in Thun beim Depot.

34 Die Jura–Simplon-Bahn bestellte diese Lokomotive A 3 T Nr. 301, auf dem Bild noch mit Nr. 231. Sie wurde bei der Ablieferung deshalb gefeiert, und aus diesem Anlass entstand das Foto, weil es die eintausendste Lokomotive war, welche die Schweizerische Lokomotiv- und Maschinenfabrik in Winterthur baute. (Foto SLM)

35 Rechts die Dampflokomotive E 3/3 Nr. 73. Sie wurde von 1907 bis 1931 von der Thunerseebahn beziehungsweise ab 1912 von der BLS als Rangierlokomotive verwendet. (Archiv VHS)

36 Die Dampflokomotive Eb 3/4 Nr. 3 der Bern–Neuenburg-Bahn, die in Betriebsgemeinschaft mit der BLS betrieben wird, vor einem Zug mit ganz neuen Reisezugwagen der BLS, aufgenommen um 1914. (Foto BLS)

37 Detailansicht des Triebwerkes einer C 5/6-Dampflokomotive, kurz vor deren Ausmusterung, in Olten. Einst grösste Dampflokomotiven für den Gotthard, sehr universell einsetzbar, sind sie zuletzt beim Rangierdienst in grösseren Bahnhöfen und auf den letzten Dampfstrecken zum Einsatz gekommen. (Foto C. Jeanmaire)

38 Die Dampflokomotive C 5/6 Nr. 2961 (1960). Diese Gattung prägte zur Zeit des Dampflokbetriebes das schweizerische Eisenbahnbild bei den SBB, insbesondere beim Güterverkehr. (Foto SBB)

39 Ein Personenzug der SBB mit der Dampflokomotive C 5/6 Nr. 2874 anno 1958 auf der letzten dampfbetriebenen SBB-Strecke im Tessin, Bellinzona–Luino, in Quartino. (Foto J. C. de Jongh)

40 Dampfzug mit Doppeltraktion auf der Gotthardbahn um 1908, als die SBB den Betrieb übernommen hatten. Die beiden Lokomotiven C 4/5 Nr. 2807 und A 3/5 Nr. 230 in Erstfeld. (Photoglob)

41 Lokomotiv-Generalversammlung, heutzutage wäre das eine einmalige Attraktion. Belastungsprobe des neuen Berner Lorraineviaduktes anno 1941. (Foto H. Hürlimann)

42 Südostbahn-Tenderdampflokomotive Ed 4/5 Nr. 21 von 1910, bei der SLM aufgenommen. (Archiv SLM)

43 Ein Zug der SMB (Solothurn–Münster-Bahn) mit der SLM-Dampflokomotive E 3/4 Nr. 3 in Solothurn. Diese Lokomotive stand von 1907 bis 1932, bis zur Elektrifizierung, hier im Betrieb. Rechts im Hintergrund ein Triebwagen der ESB. (Archiv VHS)

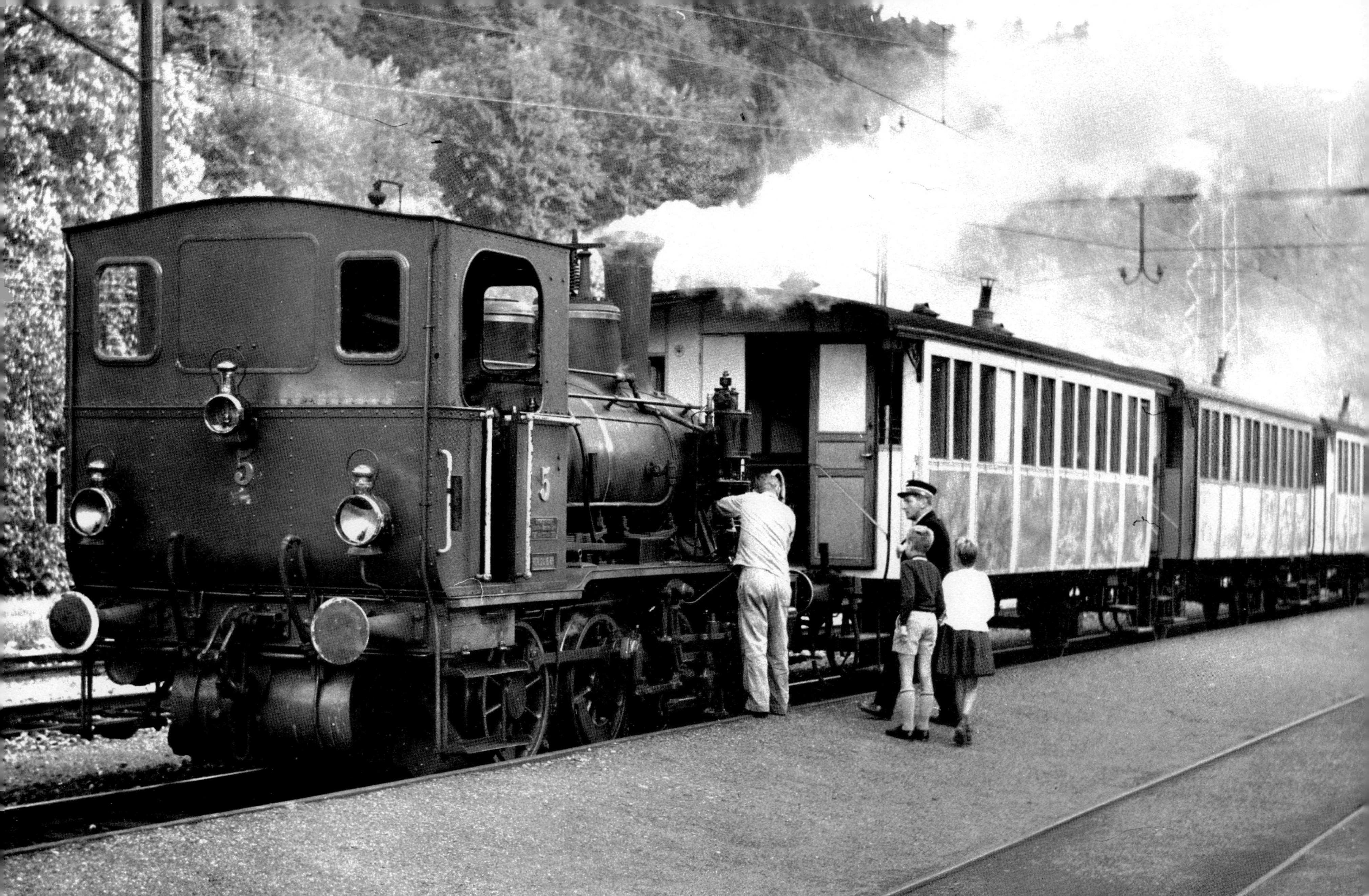

44 «Schnaaggi Schaaggi» war der Übername dieses Dampfzuges, der von der Sihltalbahn für Sonderfahrten eingesetzt wurde. Die Lok E 3/3 Nr. 5 wartet in Sihlwald auf die Gäste einer Sonderfahrt. (Foto C. Jeanmaire)

45 Die elektrisch betriebene Dampflokomotive E 3/3 Nr. 8522. Eingehende Darstellung der Lokgattung in unseren Bänden 7 und 36. Diese und Nr. 8521 standen als Rangierlokomotiven während des Zweiten Weltkrieges infolge Kohlenmangels im Betrieb. (Bilderdienst Ringier)

46 Folgende Seite: Die Dampflokomotive E 3/3 Nr. 8529 entstammt der gleichen Serie. Diese Aufnahme entstand bei der Ausmusterung in Zürich. (Foto SBB)

8529
8529

47 Rangierfahrten der SBB-Rangierlokomotiven E 4/4 Nr. 8903 und 8902 anfangs der sechziger Jahre in Basel beim Ablaufberg. Wenig später haben Diesel- und elektrische Rangierlokomotiven diese Dienste übernommen. (Foto C. Jeanmaire)

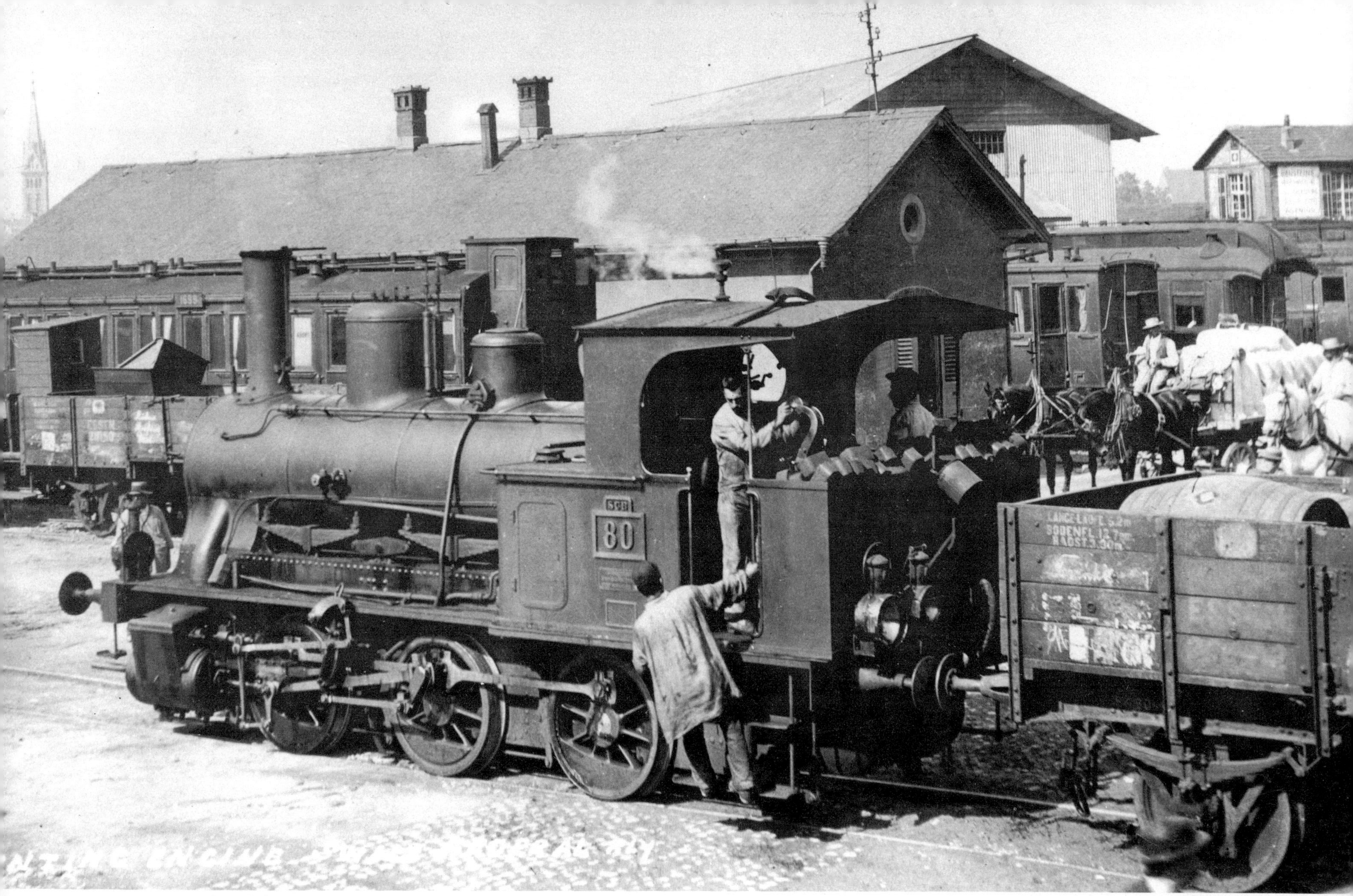

48 Die Rangierlokomotive F 3 Nr. 80 der Schweizerischen Centralbahn um 1900 beim Betrieb im Basler Güterbahnhof Wolf. 1896 gebaut, ging sie mit der Bahn an die staatliche SBB über und erhielt die Bezeichnung E 3/3. (Archiv VHS)

49 Die Dampflokomotive B 3/4 Nr. 1495 beim Depot Bern um 1910. Es handelt sich hier um die frühere Lokomotive Nr. 225 der Schweizerischen Centralbahn. Beachtenswert ist die Lentz-Ventilsteuerung auf den Zylindern. (Archiv VHS)

50 Die einstige Tösstalbahn-Dampflokomotive Nr. 1 wurde bei der Übernahme durch die SBB zur E 3/3 Nr. 8384; sie wurde durch die SLM gebaut. Um 1920 in Bern. (Archiv VHS)

51 Die Dampflokomotive Nr. 3 der Sihltalbahn war mit Brownschem Doppelhebelantrieb ausgerüstet, doch sie wurde bereits nach fünf Betriebsjahren ausgemustert. (Archiv VHS)

52 Gemischter Zug der Sensetalbahn mit der Dampflok E 2/2 Nr. 21 im Bahnhof von Laupen. Diese Gattung, die auch in Deutschland bekannt ist, wurde mit dem Übernamen «Glaskasten» bedacht. (Archiv VHS)

53 Die Werkbahn-Dampflokomotive E 3/3 Nr. 11 von Von Roll, Gerlafingen. Eine bewegte Vergangenheit verzeichnet diese Maschine: Von der Jura-Simplon-Bahn beschafft, gehörte sie später den SBB und danach der Bahn RVT. Aufnahme um 1972. (Foto C. Jeanmaire)

54 Einstige Lokomotive der Gotthardbahn Nr. 128 von 1890. Sie wurde 1907 von dieser versuchsweise umgebaut und mit Kessel nach der Bauart Brotan versehen. Bei den SBB lief sie mit der Bezeichnung D 4/4 Nr. 4128. (Archiv VHS)

55 Diese Dampflokomotive besass ein für Schweizer Verhältnisse eher ungewöhnliches «Gesicht»: Die Zoelly-Versuchslokomotive B 3/5 Nr. 1801 mit Dampfturbine: Sie entstand 1919 durch den Umbau aus einer herkömmlichen Dampflokomotive und stand nur bis 1924 im Dienst. (Archiv VHS)

(Text auf folgender Seite)

Schweizer Schmalspur-Dampflokomotiven

56 Vorangehende Seite: Die Schweizerischen Bundesbahnen betreiben als einzige Schmalspurbahn, die zudem noch Zahnradstrecken aufweist, die Brüniglinie. Aus vergangenen Tagen wurde die Heissdampflokomotive G 3/4 Nr. 208 gerettet, die nur für Talstrecken bestimmt war. Aufnahme 1977 in Brienz.
(Foto C. Jeanmaire)

57 Landquart–Davos-Bahn: ein gemischter Zug mit Malletlokomotive G 2/2+2/2 Nr. 6 im Prättigau, in Küblis, um 1890. Zu dieser Zeit existierte die Rhätische Bahn noch nicht. (Archiv VHS)

58 Folgende Seite: Die Rhätische Bahn beim Bau neuer Strecken um 1903. Die Lokomotive G 3/4 Nr. 5 mit einem Arbeiterzug bei der im Bau befindlichen Station Bever. (Archiv RhB)

59 Veteranen der Dampf- und elektrischen Traktion bei der Rhätischen Bahn. Beide Lokomotiven sind heute noch erhalten und werden für Sonderfahrten eingesetzt. Das Bild enstand 1972 in Samedan (vgl. unsere Archivbände Nr. 19, 20 und 22, in denen Strecken und Fahrzeuge genau beschrieben sind).
(Foto C. Jeanmaire)

M 1199

353

60 Ein seltenes Bild aus der frühen Zeit der Dampflok-Sonderfahrten. Ein Sonderzug, vorgespannt mit den drei erhaltenen Dampflokomotiven der Rhätischen Bahn. Eine Fahrt durch das Prättigau nach Klosters anno 1968. (Foto C. Jeanmaire)

61 Folgende Seite: Die Rhätische-Bahn-Dampflokomotive G 4/5 Nr. 129 war die letzte der Serie, die einige Unterschiede zur ersten Auslieferung aufweist (Heissdampfmaschine). (Werkbild SLM)

62 Die RhB-Dampflokomotive G 4/5 Nr. 104 stammt aus der ersten Lieferung von vier Einheiten. Sie besitzt das ursprüngliche Aussehen, so dass dem Betrachter Vergleichsmöglichkeiten zur obigen Abbildung gegeben sind. (Werkbild SLM)

Rh.B. 129

Rh.B. 104

63 Nach langen Jahren als Ausstellstück im Freien fährt sie wieder: die Waldenburger Dampflokomotive G 3/3 Nr. 5 «G. Thommen». Dieses alte Bild entstand um 1910 im Bahnhof Liestal. Die Bahnsteige fehlten noch. Vorne rechts ein Gleisteil der Schweiz. Bundesbahnen (vgl. Archiv Nr. 40, Die Waldenburgerbahn). (Verlagsarchiv)

64 Im Jahre 1970 wurde der Dampfbetrieb mit Sonderzügen wieder eingeführt. Da die noch vorhandene Dampflokomotive Nr. 5 erst überholt, ja neu aufgebaut werden musste, wurde eine Österreichische Schmalspur-Lokomotive angeschafft. Ein Bild von der Eröffnungsfahrt. (Foto C. Jeanmaire)

65 Im Jahre 1980 besteht die Waldenburgerbahn bereits 100 Jahre. Unsere Aufnahme im Bahnhof von Liestal zeigt den Triebwagen BDe 4/4 Nr. 1 und daneben die Dampflok aus Österreich mit einem Sonderzug für Hochzeitsgäste aus Holland. (Foto C. Jeanmaire)

(Text auf folgender Seite)

Schweizer Strassenbahn-Dampflokomotiven

66 Vorangehende Seite: Die Lokomotive G 3/3 Nr. 18 und der Personenwagen C 26 der einstigen Berner Tramway-Gesellschaft anlässlich der 75-Jahr-Feier der Strassenbahn Bern. (Foto R. Stamm)

67 Diese Seite: Ein Stich aus vergangenen Zeiten: unten ein Zug der noch dampfbetriebenen Birsigtalbahn mit Tramway-Lokomotive und Wagen wie auf der folgenden Seite (vgl. Archiv Nr. 3). Der Zug fährt in Richtung Endstation Basel, um 1887. Auf der Brücke ein Dampfzug der Elsässerbahn, die mit dem Bau des Centralbahnhofes über diesen Viadukt geführt wurde. Heute wird dieser Viadukt mit Strassenbahnlinien und vom öffentlichen Verkehr befahren. (Archiv des Verlages)

68 Eine der berühmten SLM-Tramway-Dampflokomotiven, die letzte der Birsigtalbahnserie: G 3/3 Nr. 5 mit dem Namen «Blochmont». Dahinter der noch neue SIG-Personenwagen BC[4] Nr. 34, um 1896 beim Depot Oberwil aufgenommen. (Verlagsarchiv)

69 Die stadtseitige erste Endstation der Birsigtalbahn bei den «vier Linden» in Basel. Im Hintergrund die Elisabethenkirche. An der Zugspitze die Tramwaydampflokomotive der SLM mit vierachsigen Personenwagen um 1887. (Verlagsarchiv)

70 SLM-Tramway-Dampflokomotive G 3/3 Nr. 2 «Bernex», gebaut 1889 für die Genfer Schmalspurbahnen in Gex, um 1895. (Archiv VHS)

71 Endstation in Grindelwald um 1930. Unten ein Zug der BOB mit Zahnrad-Dampflokomotive. Dahinter ein Zug der Wengernalp-Bahn, der auf die Kleine Scheidegg fährt.

(Text auf folgender Seite)

Schweizer Zahnradbergbahn-Dampflokomotiven

72 Vorangehende Seite: Talwärts fahrender Personenzug der Vitznau–Rigi-Bahn, um 1880 auf der ersten Schnurtobelbrücke aufgenommen.

73 Diese Seite: Erste Probefahrt auf der gerade erstellten Trasse der Vitznau–Rigi-Bahn. Auf der Ladefläche sitzt Niklaus Riggenbach, bereit zur Inspektion. Die Führerstandüberdachung fehlt noch, ebenso die Umrandung der Ladefläche. (Landesmuseum)

74 Die Vitznau–Rigi-Bahn kurz nach der Eröffnung beim Bahnhof Vitznau, mit dem Personal der damaligen Zeit und dem Leiter des Unternehmens, um 1871. Diese ersten Lokomotiven der RB stammen noch aus der Werkstätte der Schweizerischen Centralbahn in Olten. (Archiv VHS)

75 Eine weitere Szene auf der Vitznau–Rigi-Bahn mit der Dampflokomotive Nr. 2 mit dem Namen «Stadt Basel» auf der Strecke. Mannschaft und Passagiere haben um 1872 noch Zeit für einen ausgedehnten Fotohalt.
(Archiv VHS)

76 Eine Zahnradbergbahn nach dem System Abt (einst Schüler von Niklaus Riggenbach), die Chemins de Fer Glion–Rochers-de-Naye. Mit der Lokomotive Nr. 6 «Naye», die 1892 durch die SLM gebaut wurde. Aufnahme im August 1893. (Archiv VHS)

77 Moderne Diesellokomotive der Brienz–Rothorn-Bahn (BRB) mit neuen Passagierwagen in Brienz. Doch viele Menschen lieben eher die Dampflokomotiven aus vergangenen Zeiten. Und gerade hier können solche noch im Betrieb beobachtet werden, 1977.

78 Heissdampf-Zahnrad-Lokomotive der BRB Nr. 6 auf der Drehscheibe in Brienz 1967. Eine Lieferung von 1933 für die erneuerte Brienz–Rothorn-Bahn.

79 Folgende Seite: Eine der alten Nassdampf-Zahnrad-Lokomotiven nach dem System Abt, 1892 von der SLM gebaut. Noch heute im Betrieb der Brienz–Rothorn-Bahn in einer Aufnahme von 1967 vor dem Depot der BRB.
(Fotos C. Jeanmaire)

BRB
4
SYSTEM ABT

80 Zahnrad-Dampflokomotive Nr. 1 der Martigny–Châtelard-Bahn. Das Bild entstand anlässlich des Baues der Strecke im Ablieferungsjahr 1903 durch die SLM.

(Text auf folgender Seite)

Schweizer Elektro-Lokomotiven und Triebwagen

81 Vorangehende Seite: Die damals neue BLS-Elektro-Lokomotive Ce 4/6 Nr. 303 bei Blausee-Mitholz anlässlich der Ablieferung anno 1920. Dieses Werkbild wurde mit erheblicher Retouche als Werbeaufnahme hergestellt und in der Folge zu Werbezwecken für die Maschinenfabrik Oerlikon (heute BBC) verwendet. (Foto MFO)

82 Diese Seite: Die erste Versuchsstrecke der MFO auf SBB-Gleisen wurde 1906 auch von einer Siemens-Lokomotive benutzt. Sie erhielt während der Versuchszeit auf der Seebach–Wettingen-Strecke die Loknummer 3. Hier wurden auch Versuche mit verschiedenen Stromabnehmern durchgeführt. (Verlagsarchiv)

83 Die Seebach–Wettinger Versuchslokomotiven wurden von den SBB später auch als Rangierlokomotiven eingesetzt. Hier die einstige Nr. 1 als Ce 4/4 Nr. 13501 um 1920 bei den SBB. (Verlagsarchiv)

84 Zwischen den beiden Aufnahmen auf dieser Seite liegt eine enorme technische Entwicklungszeit, auch in bezug auf die elektrische Traktion: Hier ein Zug der SBB mit der Re $4/4^{II}$ Nr. 11158 vor TEE-Zug «Roland», dessen Reisezugwagen aus Deutschland kommen, 1969. (Foto SBB)

85 Der Maschinenteil des auf der folgenden Seite gezeigten BTB-Triebwagens BCe 2/5 Nr. 7. Dieses Bild entstand auf der mit Drehstrom bis 1933 betriebenen Burgdorf–Thun-Bahn für Werbezwecke anno 1921. Die SIG baute den Wagenkasten, die MFO den elektrischen Teil. Derartige Fahrzeuge erhielten oft lustige Übernamen. (Werkbild MFO)

86 Diese Werkaufnahme der MFO zeigt den rückwärtigen Teil des Triebwagens BCe 2/5 Nr. 7 der drehstrombetriebenen Burgdorf–Thun-Bahn im Ablieferungsjahr 1921. Er stand bis zur Umstellung von 1933 auf Einphasen-Wechselstrom hier im Betrieb. (Foto MFO)

87 Die Drehstromlokomotive F 2x2/2 Nr. 3 der Burgdorf–Thun-Bahn in der Station Konolfingen-Stalden um 1920. Die Stromabnehmer sind nach dem BBC-System für Drehstrom gebaut. (Foto MFO)

88 Dieses Bild aus vergangenen Tagen zeigt die Perronhallen des Bahnhofes von Basel kurz nach der Elektrifizierung. Vor den Zügen stehen damals neue, moderne Lokomotiven vom Typ Ae 3/6 II. (Foto MFO)

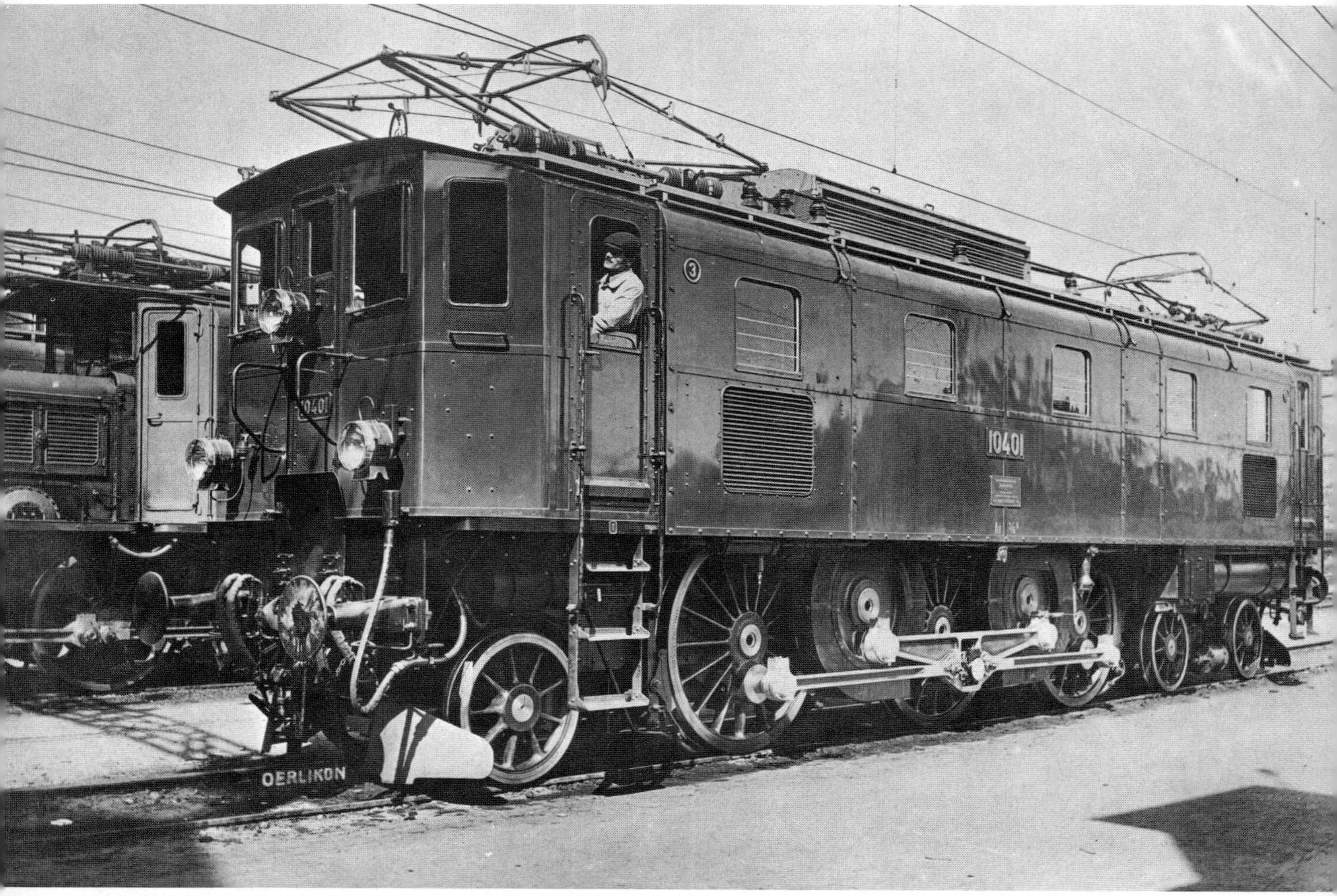

89 Die Entwicklung von Elektrolokomotiven wurde in der Schweiz mit riesigen Schritten und in sehr rascher Folge vorangetrieben. Kaum war ein Typ entwickelt, waren nächste Lok-Generationen auf dem Reissbrett. Typische Gesichter der SBB-Lokomotiven sind auf den nachfolgenden Seiten zu sehen. Oben die Ae 3/6 II Nr. 10401, die erste der Serie von 1924.

90 Unten die «Landi-Lokomotive» von 1939, deren äussere Gestaltung erhebliche Aspekte kommender Formen der Lokomotivgestaltung aufweist. Die Lokomotive Ae 8/14 Nr. 11852 in Bellinzona. (Foto E. Gfeller)

91 Eine Hälfte der Gotthard-Riesen-Lokomotive Ae 8/14 Nr. 11801 in einer Werkaufnahme von 1931, als sie abgeliefert wurde. (Foto BBC)

92 Die ersten SBB-Elektrolokomotiven wurden auch zu Versuchsfahrten auf der damals noch neuen BLS-Strecke eingesetzt. Hier ein Zug in Spiez mit einem Heizwagen für die Dampfheizung der Reisezugwagen um 1920. (Foto MFO)

93 Folgende Seite: Eine weitere Probelokomotive war die Be 4/6 Nr. 11302, die, kaum gebaut, schon durch weitere Bestellungen Nachfolger in Form weiterer 40 Einheiten erhielt. Insbesondere auf der Strecke Bern–Thun eingesetzt, befuhr sie lange Zeit den Lötschberg. (Foto BBC)

94 Die Hauptserie der Be 4/6 (Stängeli-Lokomotiven) wurde hingegen hauptsächlich für die Gotthardstrecke konzipiert. Ein Bild der zwanziger Jahre zeigt die Nr. 12321 vor einem Schnellzug, abfahrbereit im Bahnhof Luzern. (Foto BBC)

Luzern

95 Ein Zug der Gotthardstrecke um 1922 im Bahnhof von Airolo aufgenommen. Geführt von der Lokomotive Be 4/6 Nr. 12308. (Foto BBC)

96 Folgende Seite: Diese Lokomotivgattung (Ae 4/7) war und ist noch immer sehr erfolgreich im Betrieb. Hier das «Gesicht» der Nr. 10906 anno 1974 in Brugg aufgenommen. (Foto C. Jeanmaire)

97 Frühes Foto der Lokomotive Be 4/6 Nr. 12314 beim Depot von Bern. Die «Stängeli-» oder «Gotthard-Lokomotiven» besassen nicht zuletzt durch die Ölkühlschlangen (seitlich) ein besonderes Aussehen. (Foto BBC)

10906
ZÜRICH

12314

98 Ein Schnellzug der Schweizerischen Bundesbahnen auf der Gotthard-Südrampe. Doppelt bespannt mit zwei Ae 4/7-Lokomotiven, um 1939 aufgenommen. (Verlagsarchiv)

99 Einmal mehr ein «neues» Gesicht auf SBB-Gleisen: Die erste der 24 Einheiten Ae 6/6 Nr. 11401. Sie alle wurden mit stolzen, aber nicht gerade pflegeleichten Chromzierleisten mit Schweizerkreuz ausgerüstet. In voller Fahrt am Südausgang des Gotthardtunnels um 1954. (Foto BBC)

100 Schnellzug der Schweizerischen Bundesbahnen, auf der südlichen Gotthardstrecke um 1957 aufgenommen. An der Spitze der Leichtstahlwagen eine Ae 6/6-Lokomotive der ersten Serie. (Verlagsarchiv)

101 Eine neue Zeit brach an, als die leichten Re 4/4-Lokomotiven der Öffentlichkeit vorgestellt wurden. 1946 bei der Jungfernfahrt die Re 4/4 Nr. 401 vor einem damals ebenfalls modernen Zug mit passenden Leichtstahlwagen.

102 Auch gänzlich neue Traktionsarten werden für und bei den SBB immer wieder ausprobiert. So auch die dieselelektrische Lokomotive Am 4/4 Nr. 1001, die besonders für nicht elektrifizierte Gleisabschnitte zum Ersatz der Dampflokomotiven gedacht war, 1939. (Werkbild BBC)

103 Am Anfang der heutigen Re 4/4-Lokomotivtypen standen die RFe 4/4-Lokomotiven, die bereits 1940 abgeliefert wurden. Eine Gepäcklokomotive, die sich aber für die SBB als zu schwach erwies. Doch bei Privatbahnen sind sie noch heute im Betrieb. (Foto SBB)

104 Die Seetalbahn gehört zu den Schweizerischen Bundesbahnen, doch sie zeigt ein eigenes «Gesicht». Und Eisenbahnfreunde aus aller Welt finden ein besonderes Erleben des Bahnbetriebes gerade auf dieser Strecke. Im Gegensatz zu anderswo ist hier das «Tempo» eher als gemütlich anzusehen. Züge im Bahnhof von Beinwil am See, 1978. (Foto C. Jeanmaire)

105 Auch dieser Triebwagen brachte ein neues «Gesicht» auf die Schweizer Eisenbahngleise. Der Triebwagen Ce 4/6 Nr. 9808 um 1924 am Genfersee aufgenommen. Im Hintergrund das Schloss Chillon. (Foto Sécheron)

106 Der Triebwagen Be 4/6 Nr. 1602 ist vom gleichen Typ wie derjenige auf der vorangehenden Seite, jedoch umgebaut und modernisiert. Aufnahme 1974 im Bahnhof Brugg. (Foto C. Jeanmaire)

107 Ansicht des Triebwagens Be 4/6 Nr. 1604 um 1958 vor einem Umbau in Zürich. Bereits sind die Beschriftungen von früher einfachen, aufgemalten Buchstaben gewichen, ein Stromabnehmer wurde schon früher abgebaut und die ganze Serie umnumeriert. (Foto SBB-WZü)
108 Einer der berühmten Triebwagen der Serie «Roter Pfeile» wurde von der SLM auch als Dieseltriebwagen gebaut. Hier ein Foto des CLm 2/4 Nr. 101 im ursprünglichen Zustand; später wurde er als elektrischer Triebwagen umgestaltet. (Werkbild SLM)
109 Folgende Seite: Bekannte Lokomotivgesichter auf der Gotthardstrecke im schneereichen Jahr 1946. Rechts: Krokodil-Lokomotive, links: Komposition mit Ae 4/6-Lokomotive, die sich durch den Schnee kämpfen.

110–113 Vier Aufnahmen von Krokodil-Lokomotiven, die durch ihr besonderes Aussehen sehr viel zur Popularisierung der Eisenbahnen in der Schweiz beigetragen haben. An sich stammen die Lokomotivkasten aus der Entwicklungsperiode der ersten Elektrolokomotiven der Schweiz, die gleichen Komponenten sind aber auch bei ganz anders aussehenden Einheiten und Serien zu finden. Einst waren grundsätzlich zwei Typen zu unterscheiden: die hier abgebildeten Ce $6/8^{II}$ mit Schlitzkuppelstangen sowie die Ce $6/8^{III}$ mit SLM-Schrägstangenantrieb.
Alle Aufnahmen entstanden vor 1950. Baufirmen waren die SLM und die MFO. (Fotos SLM/MFO)

12252

114 Der Triebwagen BDe 4/4 Nr. 81 der Südostbahn mit zwei Reisezugwagen auf der Strecke oberhalb Samstagern, 1979. (Foto C. Jeanmaire)

115 Folgende Seite: Am Thunersee, ein Zug mit der BLS-Lokomotive Ae 4/4 Nr. 258 und Reisezugwagen der SBB, zwischen Spiez und Thun, 1955. (Foto BBC)

258

116–118 Diese drei Bilder zeigen die beiden TEE[1]-Züge der SBB, RAm Nr. 501 und 502, die eine besondere Berühmtheit erlangten. Der eine Zug verunglückte in Aitrang (Deutschland), der andere «wanderte» nach Kanada aus, wo er zusammen mit «holländischen Kollegen» als «Northlander» wieder im Betrieb steht. Durch andere Vorschriften und viel neue Farbe wurde deren Aussehen verändert. (Fotos SBB)
Diese Seite: 1969 aufgenommen, rechts oben um 1958.

119 Rechts unten: Weniger ins schweizerische Eisenbahnbild passen die neuen Am 6/6-Rangierlokomotiven

18524

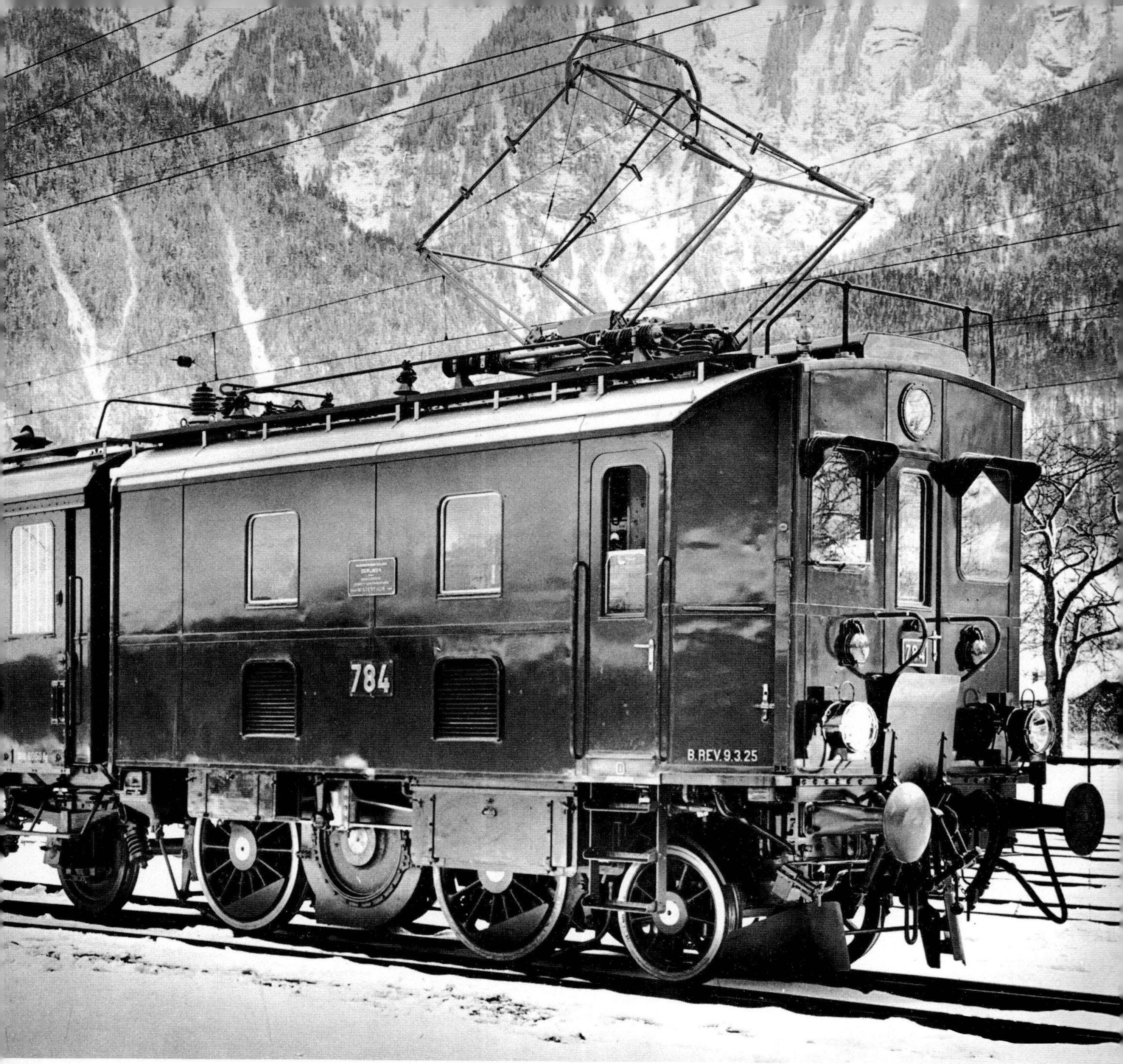

der Schweizerischen Bundesbahnen, doch werden wir uns an diese «Kraftpakete» gewöhnen. Aufnahme der Am 6/6 Nr. 18524 in Zürich, 1977. (Foto SBB-WZh)

120 Der Maschinenteil des Personentriebwagens CFe 2/6 Nr. 784 gleicht einer halben Lokomotive. 1925 geliefert, bietet dieser Triebwagen einen weniger modernen Eindruck als der MFO-Triebwagen für die Burgdorf–Thun-Bahn von 1921. Heute ist dieser Teil als Rangierlokomotive erhalten, der Holzkasten hingegen verschrottet worden. (Foto MFO)

121 Ansicht der Ce 4/6-Lokomotive Nr. 302 der BLS. 1920 ausgeliefert, verrichteten diese Einheiten ihren Dienst auf Nebenstrecken und solchen mit geringen Steigungen. (Werkbild MFO)

302
302

122 Abendliche Kreuzung zweier Personentriebzüge in Belp bei Bern auf der Strecke der Gürbetalbahn (GBS). Diese Linie gehört zur Betriebsgemeinschaft der Berner Alpenbahn-Gesellschaft. Aufnahme von 1969.
(Foto C. Jeanmaire)

123 Der Triebwagenzug ABDe 2/8 Nr. 703 der GBS (Gürbetalbahn) auf der Strecke, bei kurzem Aufenthalt in einer der zahlreichen Stationen. Auch dieses Fahrzeug gehört zur Betriebsgemeinschaft der Berner Alpenbahn-Gesellschaft, 1969. (Foto C. Jeanmaire)

124 Die Re 4/4-Lokomotive Nr. 173 der Berner Alpenbahn-Gesellschaft vor einem Zug mit SBB-Wagen. Rangierend in Brig, im Juli 1971.
(Foto C. Jeanmaire)

(Text auf folgender Seite)

Schweizer Schmalspur-Elektro-Lokomotiven und Triebwagen

125 Vorangehende Seite: Die alte Autostrasse durch die Zügenschlucht, darüber der Brombenzer Viadukt der Rhätischen Bahn mit der schmalspurigen Lokomotive Ge 6/6 Nr. 404. Das Bild entstand 1921.
(Foto Meerkämpfer/MFO)

126 Ankunft eines Zuges der Rhätischen Bahn mit Personenwagen in St. Moritz im Jahre 1922. Wir beachten den alten Bahnhof sowie die Lokomotive Ge 6/6 Nr. 402.
(Foto BBC)

127 Dieses schöne Landschaftsfoto entstand 1914, anlässlich der Inbetriebnahme der neu erstellten und elektrifizierten Strecke durch das Engadin. Blick auf den Ort Lavin und einen damals neuen Zug der Rhätischen Bahn. (Archiv RhB)

128 Ein Güterzug der Rhätischen Bahn, mit der Lokomotive Ge 6/6 Nr. 401, auf der Fahrt in Richtung Albula. Blick auf den Ort Thusis und den Heinzenberg im Sommer 1921. (Foto M. Meerkämpfer/MFO)

129 Folgende Seite: Die elektrische Lokomotive Ge 4/6 Nr. 351 der Maschinenfabrik Oerlikon vom Dezember 1912, in der Engadiner Station Bever, kurz nach der Ablieferung. (Foto MFO)

BEVERS
351
Rh.B.
351

130 Aufnahme bei der Rhätischen Bahn im Bahnhof von Chur. Zwei Rangierlokomotiven und eine Streckenlokomotive im Jahre 1972. (Foto C. Jeanmaire)

131 Die Traktionsmittel unserer Zeit bei der meterspurigen Rhätischen Bahn, in Klosters 1974. Die Kreuzung zweier Züge, ein Triebwagenzug von Davos links, und der lokbespannte Schnellzug rechts. (Foto C. Jeanmaire)

132 Der Inn-Viadukt der Berninabahn (RhB) bei St. Moritz ist heute nicht mehr so idyllisch anzusehen. Ein Zug in Richtung St. Moritz mit dem Triebwagen BCFe 4/4 Nr. 22 und dem Anhängewagen C^4 Nr. 22, um 1926.
(Original im Verlagsarchiv)

133 Folgende Seite: Noch einmal in St. Moritz, im Bahnhof der Rhätischen Bahn auf der Seite der Berninabahn. Ansicht des Triebwagens BCe^4 (4/4) Nr. 13, im Jahre 1909. Mit den Stromabnehmern von einst.
(Archiv RhB)

BERNINA
Plätze 43 Posti
II
Nichtraucher
Vietato Fumare
Plätze 12 Posti
nach dem Veltlin
3
BCe4 13
114

134 Auf der Alp Grüm die Lokomotive Ge 6/6 Nr. 81 mit Mitropawagen und Blick ins Puschlav, 1926 aufgenommen.
(Original im Verlagsarchiv)

135 Zug der Berninabahn (Rhätische Bahn) mit dem Triebwagen BCe 4/4 Nr. 37 in Pontresina, in Richtung St. Moritz fahrend. Ein Foto aus dem Jahre 1960. (Foto H. Schneeberger)

136 Lawinenüberbauung der Chur–Arosa-Bahn, der Triebwagen BCFe 4/4 Nr. 5 im Hintergrund. Um 1930. Die meterspurige Bahn ging 1941 an die Rhätische Bahn über. (Archiv RhB)

137 Seitenansicht des zweiklassigen Triebwagens BCFe 4/4 Nr. 1 der Chur–Arosa-Bahn in seiner ursprünglichen Ausführung. Eine klassische Werkaufnahme, die dem Modellbauer alle Details offenbart. Aufgenommen im Depotareal von Chur-Sand, 1914. (Foto BBC)

138 Wir sind nahe dem Rhônegletscher, rechts der Bahnhof von Gletsch, auf der anderen Seite der Rhône ein Zug der Furka–Oberalp-Bahn. Die Lokomotive HGe 4/4 Nr. 32, kurz vor der Abfahrt in Richtung Andermatt, 1972. (Foto C. Jeanmaire)

139 In Disentis treffen die Züge der Furka–Oberalp-Bahn (FO) mit denjenigen der Rhätischen Bahn (RhB) zusammen. Hier die Lokomotive HGe 4/4 Nr. 32 vor einem Zug der FO im Frühjahr 1972. (Foto C. Jeanmaire)

140 Alt und neu auf der Jungfraubahn treffen sich in der Station Eigergletscher, ein Foto aus dem Jahre 1970.

141 Der Verkehrsknotenpunkt Kleine Scheidegg. Hier treffen die Wengernalpbahn und die Jungfraubahn aufeinander. Rechts vom Bahnhofgebäude die untere Endstation der Jungfraubahn, 1970.

(Fotos C. Jeanmaire)

KL.SCHEIDEGG
BELLEVUE
DES ALPES
SPORTHAUS

142 Zug der Schweizerischen Bundesbahnen in Meiringen auf der schmalspurigen Brünigbahn, 1977. Der Gepäcktriebwagen Deh 4/6 Nr. 902 abfahrtbereit in Richtung Interlaken. (Foto C. Jeanmaire)

(Text auf folgender Seite)

Schweizer Überlandbahnen

143 Vorangehende Seite: Das «Gesicht» des Triebwagens CFe 4/4 Nr. 102 der einstigen Worblentalbahn, kurz vor der Fusion zur Bern–Worb-Bahn, vor 1926 auf der bernseitigen Endstation. Ein Triebwagen mit typisch schweizerischem Aussehen. (Archiv VHS)

144 Oben: Ansicht des Triebwagens CFe 4/4 Nr. 5 vor dem Kloster St. Urban auf der Langenthal–Melchnau-Linie um 1940. Die Fahrzeuge von drei Schmalspurbahnen dieser Region wurden je nach Bedarf auf verschiedenen Strecken eingesetzt. (Archiv OJB)

145 Unten: Aus neuerer Zeit stammt der Triebwagen Be 4/4 Nr. 85 der Solothurn–Niederbipp-Bahn, hier vor dem OJB-Depot in Langenthal, 1973. Er ist mit dem Wappen von Solothurn versehen und trägt diesen Namen. (Foto C. Jeanmaire)

146 Einmal mehr vor dem Kloster St. Urban aufgenommen, der Triebwagen CFe 4/4 Nr. 2 der früheren Langenthal–Jura-Bahn im Zustand von 1951. (Foto P. Schneeberger)

147 Die Güterzuglokomotive Ge 4/4 Nr. 56 der Langenthal–Jura-Bahn im Personenzugdienst mit Personenwagen der SNB im Sommer 1954. (Foto P. Schneeberger)

148 Der Gütertriebwagen Fe 4/4 Nr. 31 der Solothurn–Zollikofen–Bern-Bahn. (Archiv VHS)

149 Ein Zug der Biel–Täuffelen–Ins-Bahn mit dem Triebwagen BDe 4/4 Nr. 9 auf der Strecke, 1975. Dieser Triebwagen, wie auch die Beiwagen, wurden von der Birsigtalbahn bei deren Modernisierung angekauft.
(Foto C. Jeanmaire)

150 Alt und neu vor dem erweiterten Depot von Täuffelen, 1975. Rechts der BDe 4/4 Nr. 10 der BTI, mit Holzkasten. Links der in diesem Jahr neu gelieferte Triebwagen Be 4/4 Nr. 2[II]. Eine Gegenüberstellung, die 50 Jahre Entwicklung im Äusseren des Triebwagenbaues in der Schweiz dokumentiert.
(Foto C. Jeanmaire)

151 Das typische «Gesicht» der Triebwagen Be 4/4 Nr. 1–3 der Waldenburgerbahn, wie diese seit der Elektrifizierung dieser schmalsten Schmalspurbahn der Schweiz seit 1953 hier verkehren. (Foto C. Jeanmaire)

152 Winterlicher Blick auf die Oberwiler Depotanlage der Birsigtalbahn von 1969. Das Streckengleis zieht sich von links oben diagonal nach rechts unten Gleis 7 entlang. (Foto C. Jeanmaire)

153 Ansicht des Triebwagens ABDe 4/4 Nr. 3 der schmalspurigen Nyon–St-Cergue–Morez-Bahn.
(Foto R. Stamm)

154 Eine Schmalspurbahn, die heute aus dem Verkehrsbild verschwunden ist, eine Art von Strassen- und Überlandbahn, war die Sernftalbahn mit der Linie Schwanden–Elm im Glarnerland. Seitenansicht des Triebwagens BCFe 4/4 Nr. 4 vor dem Depot Engi-Vorderdorf. (Foto H. Bachmann)

155 Die Montreux–Berner-Oberland-Bahn, kurz MOB genannt, ist eine schmalspurige Bergbahn mit besonderem Erscheinungsbild. Der Triebwagen BCFe 4/4 Nr. 12 in der Station Les Avants um 1908. (Foto SIG)

156 Zwei Züge der Montreux–Berner-Oberland-Bahn (MOB) in der Endstation Zweisimmen auf Berner Seite, 1972 aufgenommen. Beide Triebwagen der Serien BDe 4/4 Nr. 3001–3004. (Foto C. Jeanmaire)

157 Ein Foto des MOB-Triebwagens ABDe 8/8 Nr. 4004, im Winter 1972 in Zweisimmen aufgenommen. Dieser Doppeltriebwagen wurde 1968 mit drei anderen in Betrieb genommen. (Fotos C. Jeanmaire)

158 In St. Gallen treffen sich die schmalspurige Trogener Bahn (links) und die SGA (rechts) beim SBB-Bahnhof. Ein Bild aus dem Jahre 1970.

181
2

159 Ein Bild, vor dem Depot der OJB (Oberaargau–Jura-Bahnen) entstanden, mit der Güterzuglokomotive mit Rollschemel Nr. 66 auf dem vorbeiführenden Streckengleis in Langenthal, 1974. (Foto C. Jeanmaire)

160 Betriebsbild bei der Biel–Täuffelen–Ins-Bahn mit dem Triebwagen BDe 4/4 Nr. 5 (rechts) und dem Triebwagen BDe 4/4 Nr. 9 (früherer BTB) in der Station Finsterhennen, 1975. (Foto C. Jeanmaire)

161 Ein Bild aus der Aktivzeit der Biasca–Acquarossa-Bahn (Tessin). Triebwagen ABDe 2/4 Nr. 3 und ABe 4/4 Nr. 5 in Acquarossa um 1972. (Foto R. Stamm)

162 Der Triebwagen Be 4/4 Nr. 42 der VBW (Vereinigte Bern–Worb-Bahnen) in der Endhaltestelle Bern-Kirchenfeld. Diese Bahn benützt streckenweise Gleise der Berner Strassenbahn, 1969.
(Foto C. Jeanmaire)

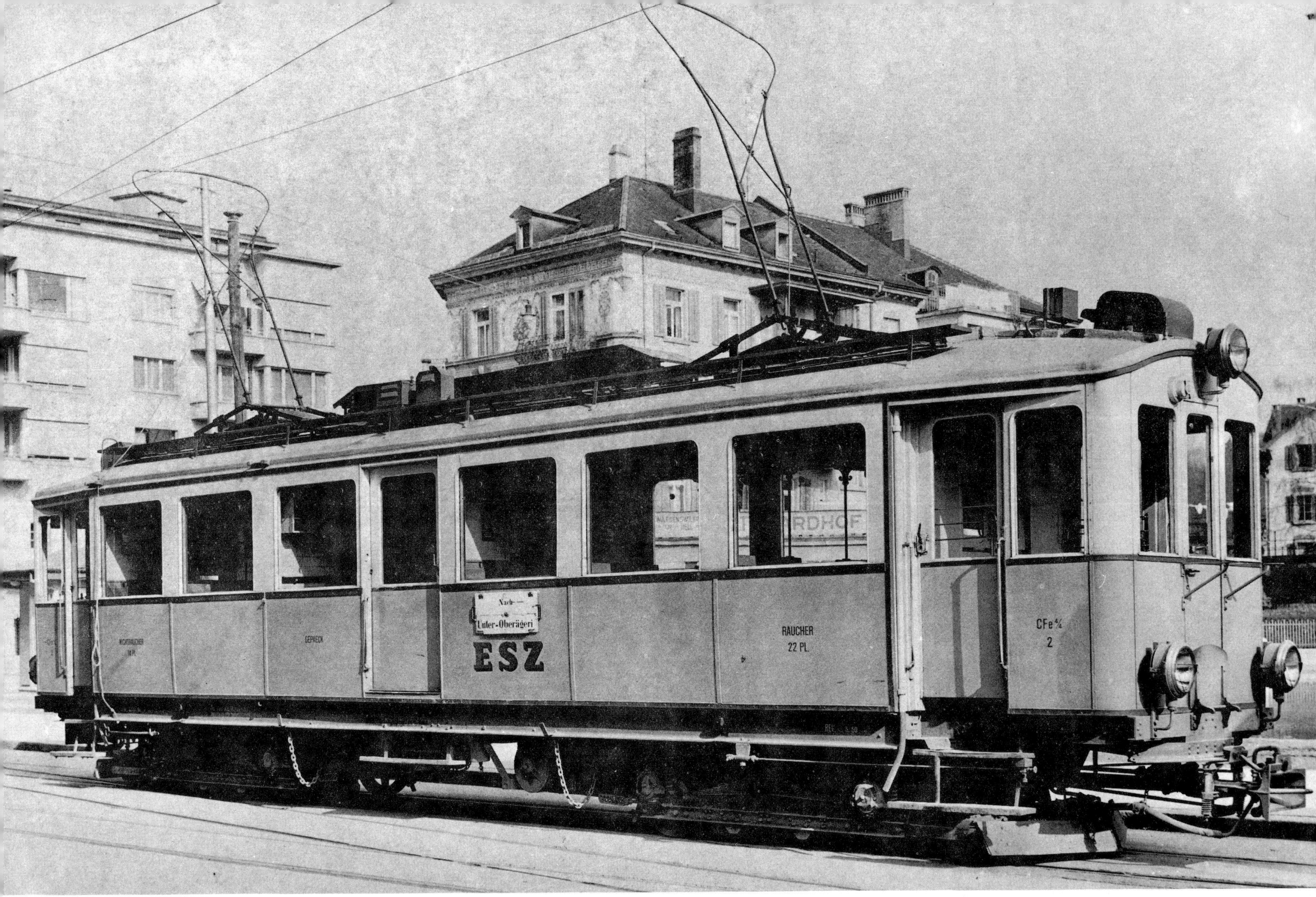

163 Der Triebwagen CFe 4/4 Nr. 2 der ESZ (Elektrische Strassenbahnen im Kanton Zug). (Archiv ESZ)

(Text auf folgender Seite)

Schweizer Strassenbahnen

165 Der Motorwagen CFe 2/2 Nr. 2 der Forchbahn um 1913. (Foto MFO)

164 Vorangehende Seite: Die Grenze zwischen Strassenbahnen und Überlandbahnen zu ziehen, ist nicht immer leicht. Die elektrische Schmalspurbahn Sissach–Gelterkinden, von 1891 bis 1916 betrieben, könnte auch als Strassenbahn bezeichnet werden. Der Triebwagenkasten erinnert sehr an denjenigen einer SLM-Tramway-Dampflokomotive. (Archiv VHS)

166 Die Birseckbahn ist sowohl Strassenbahn als auch Überlandbahn der Region Basel. Hier der Triebwagen Be 2/2 Nr. 7 an der Endhaltestelle in Basel auf dem Aeschenplatz um 1925 mit dem ursprünglichen zweiachsigen Fahrgestell. (Archiv VHS)

167 Ein Bild vergangener Tage, die alte Endschleife der Birseckbahn von 1969. Sie wurde später zum Bahnhof Dornach zurückversetzt. Hier wird sie vom Triebwagen Be 2/4 Nr. 12 durchfahren. (Foto C. Jeanmaire)

168 Die Endschleife der Birseckbahn in Basel auf dem Aeschenplatz vor der Modernisierung der BEB und der noch späteren Umwandlung zur BVB/BLT-Linie 10. Ein Zug der BEB, geführt vom Triebwagen Be 2/3 Nr. 8, 1971. (Foto C. Jeanmaire)

169 Blick auf den Verkehrsknotenpunkt Aeschenplatz in Basel mit je einem Zug der Basler Verkehrsbetriebe (BVB) auf der Linie 14 (oben) und der BEB (Birseckbahn), vor der Modernisierung 1971 aufgenommen.

170 Ein Foto der Neuenburger Strassenbahn (TN), die Linie nach Boudry, mit Blick auf Endschleife und Depot in Boudry. Abgestellt im Hintergrund der alte Triebwagen Be 2/4 Nr. 43. Auf dem Streckengleis der «Italiener» Be 4/6 Nr. 1101, 1973.

(Fotos C. Jeanmaire)

BOUDRY
5
DUVAL
1101

171 Die Spiezer Verbindungs-Bahn war auch eine Strassenbahn. Die «Verbindung» bestand darin, die Distanz zwischen Schiffstation und BLS-Bahnhof mit einem öffentlichen Transportmittel zu überbrücken. Hier der elektrische Triebwagen Ce 4/4 Nr. 3, der einzige Vierachser, um 1906 aufgenommen. (Foto BBC)

172 Szene vor dem Depot der SVB in Spiez; auf einen Blick erkennen wir alle Triebwagen der Spiezer Verbindungs-Bahn. Das Bild entstand im Gegensatz zum anderen im letzten Betriebsjahr 1959. (Foto W. Ritschard)

173 Der Strassenbahn-Triebwagen Be 2/2 Nr. 35, 1914 gebaut, kurz vor seiner Ausmusterung, gehört zur Berner Strassenbahn. (Foto R. Stamm)

174 Der Triebwagen Ce 2/2 Nr. 3 vor dem Depot in Schwyz, auf Gleis 4, kurz nach der Inbetriebnahme um 1914. Die Schwyer Strassenbahnen sind heute einer anderen Betriebsform gewichen. (Archiv C. Jeanmaire)

175 Auch die Strassenbahn-Zeiten von Luzern gehören der Vergangenheit an. Sie sind schon fast vergessen, denn Trolley- und Autobusse versehen heute den öffentlichen Verkehr. Hier der Triebwagen Be 2/2 Nr. 172 mit Anhänger vor dem Bahnhof anno 1956. (Foto O. Bamer)

176 Dieses Foto stammt aus den ersten Tagen der Luzerner Strassenbahn mit dem Triebwagen Ce 2/2 Nr. 9. (Foto MFO)

177 Neuenburg: Ein Zug der Strassenbahn «Tramway de Neuchâtel» (TN) mit zwei Triebwagen Ce 2/4, vorne Nr. 45, verlässt die stadtseitige Endhaltestelle am Place Pury in Richtung Boudry, 1974. (Foto C. Jeanmaire)

178 Der Triebwagen Ce 2/4 Nr. 41 der TN (Tramway de Neuchâtel), vor dem Depot in Neuenburg 1970 aufgenommen. Diese Wagen können heute nur noch zwischen Neuenburg und Boudry verkehren. (Foto C. Jeanmaire)

179 Strassenszene in der Stadt Biel mit den verschiedenen Strassenbahnlinien der Stadt. Sie trafen sich auf dem Zentralplatz, ein Foto von 1933.

180 Der Triebwagen Nr. 7 in einer Strassenszene, die 1945 aufgenommen wurde. (Archiv A. Ziegler)

181 Die Strassenbahn von St. Gallen wurde schon sehr früh auf Trolleybusbetrieb umgestellt. Infolgedessen sind Aufnahmen relativ selten. Ansicht des Strassenbahn-Triebwagens Ce 2/2 Nr. 8 vor dem Bahnhof. (Archiv C. Jeanmaire)

182 Altdorf–Flüelen, eine Strassenbahn, die auch schon lange verschwunden ist. Und nurmehr alte Fotos erinnern daran. Um 1907 aufgenommen, der Triebwagen Ce 2/2 Nr. 4. (Foto BBC)

183 Basler Strassenbahn um 1920 auf dem Aeschenplatz, die Linie 11 Basel–Aesch. Heute eine Überlandlinie der BLT, mit dem Triebwagen Be 2/2 Nr. 149, der noch mit ursprünglichem Stromabnehmer ausgerüstet ist (vgl. Archiv Nr. 44). (Verlagsarchiv)

184 Strassenbahnzug der Basler Verkehrsbetriebe in der Endschleife der Linie 7 in Binningen, während der Mustermesse 1970 aufgenommen (Beflaggung am Nummernkasten). (Foto C. Jeanmaire)

185 Strassen- und Überlandlinien auf der «Heuwaage» in Basel, 1978. Endstation der Birsigtalbahn (Linie 17, rechts) und die durchführende Linie 18 (links). (Foto C. Jeanmaire)

186 Verkehrsbetriebe der Stadt Zürich: Der schwere Triebwagen Be 4/4 Nr. 1332 im Depot Kalkbreite, 1968. Wir beachten den aufwendigen Stromabnehmer. (Foto C. Jeanmaire)

187 Blick auf den Paradeplatz in Zürich. Es regnet. Eilig streben die Fahrgäste vom Unterstand zu den Strassenbahnwagen, noch wird das Strassenbild von den Nachkriegswagen beherrscht. Bald einmal übernehmen modernere Triebwagenzüge diese Strassenszene. Die VBZ anno 1973. (Foto C. Jeanmaire)

188 Auch St. Moritz besass einst eine Strassenbahn, doch wurde diese 1932 aufgegeben und durch einen Busbetrieb ersetzt. Der Motorwagen Ce 2/2 Nr. 1 auf der noch staubigen Hauptstrasse um 1920. Wir beachten den Stangenstromabnehmer, der in der Schweiz eher selten war. (Foto Wernli)

Anhang — Appendice — Appendix

Unsere Veröffentlichungen zum Schienenverkehr hängen in vielfacher Hinsicht nur allzuoft zusammen. Deshalb möchten wir unseren Lesern ein vollständiges Literaturverzeichnis im nachfolgenden letzten Kapitel dieses Buches vortragen. Alle diese Bücher sind im gleichen Verlag erschienen, der bis 1972 in Basel ansässig war. Sie wurden von Claude Jeanmaire-dit-Quartier veröffentlicht.
Inzwischen sind diese Foto- und Textbücher zu wertvollen Nachschlagewerken für abertausende von Lesern und Bahnfreunden in aller Welt geworden. Die grösser werdende Zahl der Veröffentlichungen verlangt nach einer übersichtlichen Liste, die es ermöglicht, die Hinweise in den Texten auf andere Archiv-Bände dieser Buchreihe etwas zu vertiefen. Soweit möglich liefert der Verlag in dringenden Fällen auf Anfrage ältere Ausgaben nach.

Archiv Nr. 1 (ISBN 3 85649 001 9)

Elektrische Strassenbahnen Basel 1895 – 1897

First Tramways of Basle

Dieser Sonderdruck aus der Schweizerischen Bauzeitung berichtet in zwei Kapiteln über die ersten drei Bau- und Betriebsjahre der Basler Strassenbahn.

40 Seiten mit 48 Abbildungen, in Schutztasche

Archiv Nr. 2 (ISBN 3 85649 002 7) Neuauflage 1980

Die Geschichte der Basler Strassenbahn 1880 – 1895 – 1968

Ein Fotobuch von Claude Jeanmaire — The History of Basle Tramways

Erstmalig in der Literatur über Strassenbahnen wurde hier der geglückte Versuch unternommen, die Geschichte einer Strassenbahn-Gesellschaft und deren Weiterentwicklung an Strecken und Rollmaterial in Bildern zeitgemäss darzustellen:
Der **Pferde-Omnibus** (1880–1895) in Basel.
Die Linien der **Basler Strassenbahn.**
Komplette Darstellung des gesamten Rollmaterialparkes anhand von seltenen Bildern, Plänen und technischen Daten. Im weiteren wird über die Autobusse und Trolleybusse, die Dienstfahrzeuge sowie über Unfälle im Verlaufe der Jahrzehnte berichtet.
(Vergriffen, Restexemplare)

Buch gebunden, 15,5 x 23,5 cm, mit 208 Seiten und über 300 Abb.

Archiv Nr. 3 (ISBN 3 85649 003 5)

Die Entwicklung der Basler Strassen- und Überlandbahnen 1840 – 1969

City and Interurban Cars of Basle (Switzerland)
Von Claude Jeanmaire

Grundlegende Zusammenfassung und Bericht über die Eisenbahnen, Strassen- und Überlandbahnen in und um Basel:
Die erste Eisenbahnstrecke der Schweiz, Basels Anschluss an die Eisenbahnen von Frankreich, Deutschland und der Schweiz.
Die **Birsigthalbahn,** Geschichte und Fahrzeuge.
Die **Basler Strassenbahn** auf ihren Überlandlinien.
Die **Birseckbahn,** Geschichte und Rollmaterial.

Buch gebunden, 15,5 x 23,5 cm, mit 228 Seiten und 335 Abbildungen

Archiv Nr. 4 (ISBN 3 85649 004 3) (vergriffen / out of print)

Märklin — Die grossen Spurweiten

Von Claude Jeanmaire — Older Railway Models of Märklin

Erstmalig finden wir in diesem Buch eine komplette Übersicht über die grossen Spurweiten der Märklinschen Spielzeugeisenbahnen aus der Vergangenheit. Es handelt sich um eine Zusammenstellung alter Kataloge der Firma Märklin, Göppingen, in den Spurweiten 0, 1, 2 und 3 aus der Zeit von 1891 bis 1968.
Damit ist dem Sammler erstmalig die Möglichkeit gegeben, zu tragbarem Preis alte Kataloge zu erwerben und ein Werk zum öfteren Nachschlagen zur Hand zu haben.

Buch gebunden, 15,5 x 23,5 cm, mit 256 Seiten und über 1000 Abbild.
Weitere Bücher dieser Art sind unter Archiv Nr. 17, 28 und 29 sowie 100–110 beschrieben.

Archiv Nr. 5 (ISBN 3 85649 005 1)

Die Strassenbahnen von Bern und Thun

Von Claude Jeanmaire — Streetcars of Berne and Thoune

Die Hauptstadt der Schweiz besass einst eine ungewöhnliche Vielfalt an Traktionsarten im öffentlichen Verkehr: druckluftbetriebene Strassenbahnen, Dampftramways und elektrische Bahnen, nicht zu vergessen die Pferde-Omnibusse, später Auto- und Trolleybusse. Als Bildstudie stellt der Autor die Betriebsgesellschaften mit ihren Strecken und Fahrzeugen dem interessierten Leser vor. Die **Städtische Strassenbahn Bern** mit deren Vorgängern sowie die **Rechtsufrige Thunerseebahn,** Steffisburg–Thun–Interlaken (STJ). Eindrückliche Fotos und Pläne aus allen Epochen dokumentieren die erwähnte Vielfalt und fesseln den Betrachter: Strecken- und Stadtaufnahmen im Zusammenhang mit den Bahnen sowie deren Fahrzeuge.

Buch gebunden, 15,5 x 23,5 cm, mit 226 Seiten und 330 Abbildungen

Archiv Nr. 5 a (ISBN 3 85649 005 a 1)

Erinnerungen an die Rechtsufrige Thunerseebahn

Von Claude Jeanmaire — The Tramway of Thoune

Dieses Buch wurde als Sonderdruck von Archiv Nr. 5 hergestellt und beinhaltet die Betriebsgeschichte sowie einen Beschrieb von Strecke und Fahrzeugen der STJ (STI), einer Überlandbahn mit Strassenbahn-Charakter und einer Strecke von ca. 28 km Länge. Die schienengebundenen Fahrzeuge wurden in den fünfziger Jahren durch Trolley- und Autobusse ersetzt. Für diese Publikation konnten wertvolle alte Bilder und Fahrzeugpläne gefunden werden.

Broschur, 15,5 x 23,5 cm, mit 90 halbseitigen Bildern

Archiv Nr. 6 (ISBN 3 85649 006 X)

Berliner Strassenbahnen I

Berlin Tramways, the History since 1865
Von Sigurd Hilkenbach, Wolfgang Kramer und Claude Jeanmaire

Die Geschichte der vielen Berliner Strassenbahn-Gesellschaften ist von ganz besonderem Interesse für den Strassenbahn-Historiker. Nicht nur weil in dieser Stadt die erste elektrische Bahn fuhr oder die wichtigen grossen Versuche der Elektro-Industrie unternommen wurden, sondern auch wegen der Vielfalt der rund 20 Strassenbahn-Gesellschaften, die ein buntgewürfeltes Bild zeigten. Dieses Buch stellt im einzelnen jede dieser Strassen- und Kleinbahnen und deren Geschichte vor, unterstützt durch zahlreiche Bilder, die den besonderen Charakter der Stadt Berlin unterstreichen. 2. Teil: Archiv Nr. 31.

Buch gebunden, 15,5 x 23,5 cm, mit 240 Seiten und 360 Bildern

Archiv Nr. 7 (ISBN 3 85649 007 8) (vergriffen / out of print)

Die elektrischen und Diesel-Triebfahrzeuge schweizerischer Eisenbahnen — Erster Teil:

Die Schweizerischen Bundesbahnen

Von Claude Jeanmaire — The Swiss Federal Railways

Dieses Werk beinhaltet eine vollständige Darstellung der elektrischen und Diesel-Triebfahrzeuge der SBB, einschliesslich der schmalspurigen Brüniglinie (Stand 1970).
(Vergriffen, es können lediglich Einzelstücke abgegeben werden.)

Buch gebunden, 20,5 x 27,5 cm, 368 Seiten mit 630 Bildern und Plänen

Archiv Nr. 8 (ISBN 3 85649 008 6)

Komfort auf Schienen

Comfort on Rails: Sleeping, Dining and Saloon Cars on European Railways
Von Dr. F. Stöckl und C. Jeanmaire

Komfort auf Schienen ist ein Thema, das heute, im Zeitalter der alten und doch immer wieder verjüngten Eisenbahn, das Interesse eines jeden erweckt, dem das Eisenbahnreisen wirklich ein Vergnügen bedeutet. Dieses gross angelegte Buch schildert den besonderen Komfort, den man in neuzeitlichen **Schlaf- und Salonwagen, in Trans-Europa-Expresszügen** oder ähnlichen Fahrzeugen zwischen Stockholm und Rom, zwischen London und Madrid, zwischen Paris und Wien findet. Für den Eisenbahn-Amateur bringt das Buch eine nahezu lückenlose Übersicht des europäischen Schienenkomforts der letzten hundert Jahre, ergänzt und vervollständigt durch eine geradezu einmalige ziffern- und datenmässige Aufzeichnung aller europäischen Schlaf-, Speise- und Salonwagen, und zwar einschliesslich der in der Literatur bisher nicht allzusehr bekannten Daten der Länder im östlichen Europa (Stand 1970).

Buch gebunden, 15,5 x 23,5 cm, 420 Seiten mit 620 Bildern und Plänen

Archiv Nr. 9 (ISBN 3 85649 009 4)

Mit Kohle, Dampf und Schaufelrädern

With Coal, Steam and Paddlewheels, Ships and Railways on and around the Lakes of Thoune and Brienz (Switzerland)
Von Claude Jeanmaire

Unser Werk beginnt mit der Zeit um 1835, als auf Anregung von Besuchern aus aller Welt das erste Dampfschiff seinen Betrieb auf dem Thunersee aufnahm, ein Schiffsbetrieb, der sich auch auf den Brienzersee ausdehnte. Bahn um Bahn entstand, anfänglich nur als Anschluss an die Schiffskurse. Diese Berg- und Talbahnen waren auf die Bedürfnisse der fremden Besucher zugeschnitten und hatten um ihre Existenz zu kämpfen, wenn der Besucherstrom als Folge von Krisen und Kriegen oder auch nur durch ungünstige Witterung ausblieb. Es finden sich darin Beschreibungen über Dampfschiffe und Motorschiffe, Berg- und Talbahnen sowie Strassenbahnen, die Vorläufer der heutigen Berner Alpenbahn-Gesellschaft (BLS).

Buch gebunden, 15,5 x 23,5 cm, mit über 50 Plänen und 300 seltenen Abbildungen

Archiv Nr. 10 (ISBN 3 85649 010 8)

Die Wiener Strassenbahn 1945 – 1971

Tramways of Vienna (Austria)
Von Claude Jeanmaire und Hans Lehnhart

Hart war nach 1945 der Neubeginn für Bedienstete und Fahrgäste der Wiener Strassenbahnen, denn der Krieg hatte das Netz derart auseinandergerissen, dass der Betrieb eingestellt werden musste. Hier beginnen wir mit einer kompletten Übersicht über die Fahrzeuge, die, wie in fast allen Grossstädten, von den Einheimischen wohl benutzt, aber nicht besonders beachtet werden. Wir werden von der ungewöhnlichen Vielfalt an Fahrzeugen überrascht sein, gab es doch zum Beispiel Wagen, die in New York gekauft wurden, um in Wien betrieben zu werden. Pläne fast aller Wagen, Abbildungen jeden Typs runden das Buch zu einem wichtigen Nachschlagewerk für alle Freunde von Strassenbahnen ab. Der zweite Teil ist unter Nr. 15 beschrieben.

Buch gebunden, 15,5 x 23,5 cm, 208 Seiten, 303 Abbildungen

Archiv Nr. 11 (ISBN 3 85649 011 6)

Die Überlandbahnen von Bern nach Worb

Interurban Railways between Berne and Worb
Von C. Jeanmaire und R. Stamm

Dieses Buch erzählt ausführlich die Geschichte der beiden Schmalspurbahnen, die das ländliche Worb mit der Hauptstadt der Schweiz, Bern, verbinden:
Angefangen bei der **Bern–Worb-Bahn** (früher für einige Jahre **Bern-Muri–Gümligen–Worb-Bahn** genannt) und der **Worblentalbahn,** wird

dem Leser und Betrachter die Entwicklung der heute bestehenden **Vereinigten Bern-Worb-Bahnen** aufgezeigt.

Das Buch enthält 210 seltene, bisher unveröffentlichte Abbildungen und Pläne aller Schienenfahrzeuge von einst und heute.
Buch gebunden, 15,5 x 23,5 cm

Archiv Nr. 12 (ISBN 3 85649 012 4)

Die elektrischen und Diesel-Triebfahrzeuge schweizerischer Eisenbahnen Zweiter Teil:

Die Berner Alpenbahn-Gesellschaft (BLS)

Locomotives, Electric Railcars, Coaches and Goodswagons of the BLS
Von Claude Jeanmaire

Als Fortsetzung zu Archiv Nr. 7 (erster Teil) erschien diese eindrückliche Arbeit und Studie über die Fahrzeuge der Lötschbergbahn, der bernischen Staatsbahn sowie der mitbetriebenen Linien. Mit einer eingehenden Würdigung der Verdienste der BLS auf dem Gebiet der elektrischen Traktion mit schwerem Betrieb. Von Pionierleistungen ist die Rede, die heute noch von Interesse sind. In diesem Buch wird weniger die Geschichte einer berühmten Bahn aufgezeichnet als vielmehr eine eingehende Schilderung sowie komplette Darstellung der Fahrzeuge vorgenommen: Streckenlokomotiven, Rangierlokomotiven, Traktoren und Draisinen mit einer kompletten Übersicht über die Personen- und Güterwagen sowie die Dienstfahrzeuge. Bilder und Pläne von einst und heute dokumentieren das Aussehen und die Veränderungen an den Fahrzeugen im Verlaufe von über 60 Jahren.

Buch gebunden, 21,5 x 27,5 cm, 360 Seiten mit 630 Abbildungen und Plänen

Archiv Nr. 13/14 (ISBN 3 85649 014 0)

Mittelbadische Eisenbahnen (MEG)

Narrow Gauge Railways in Mid-Baden (Germany)
Von Hans-Dieter Menges und C. Jeanmaire

Von den Strassburger und Lahrer Strassenbahnen zur Mittelbadische Eisenbahnen AG

Dieses Doppelbuch berichtet kurz über die Geschichte des rechtsrheinischen Streckennetzes der Strassburger Strassenbahn von 1892 bis 1923, die Entwicklung der Lahrer Strassenbahn von 1894 bis 1923. Nach diesem Zeitpunkt wurden die Strecken in die Verwaltung des Landes Baden übernommen und unter dem Namen Mittelbadische Eisenbahnen AG weitergeführt. Wir beschreiben hier eine besonders interessante Schmalspurbahn mit Dampflokomotiv- und Dieseltriebwagen-Betrieb. Im einen Band erfolgt die eingehende Darstellung der Betriebsgeschichte und der einstigen Strecken und deren Entwicklung (mit Plänen der wichtigsten Bahnhofsanlagen). Im zweiten Band werden die Lokomotiven und Triebwagen sowie die Güter- und Dienstfahrzeuge mit Typenplänen und technischen Daten vorgestellt.
1. Buch gebunden, 220 Seiten mit 358 Abbildungen,
2. Buch mit 72 Seiten mit 121 Plänen und Abbildungen

Archiv Nr. 15 (ISBN 3 85649 015 9)

Die alten Wiener Tramways, 1865 – 1945

The Old Viennese Tramways (Austria)
Von Hans Lehnhart und Claude Jeanmaire

Im Anschluss an das früher erschienene Buch (Nr. 10) legen wir hier dem Leser den versprochenen zweiten Teil vor, der die Fahrzeuge und beachtenswerten Ereignisse über den Zeitraum von 1865 bis 1945 vorstellt.
In den verschiedenen Abschnitten werden vorgestellt: der Pferdeomnibus, die Pferdebahn, der Dampftramway und die elektrischen Strassenbahnen.
Die Fahrzeuge sind chronologisch aufgeführt, mit den **originalen** Typenplänen und zahlreichen, meist unbekannten Fotos.
Andere Kapitel berichten über die Bahnen und Linien im Stadtbild, über Unglücksfälle, aber auch über die Strassenbahn, wenn sie ins Blickfeld der Weltpolitik geriet. Wir vergassen nicht die tragischen Geschehnisse des Zweiten Weltkrieges.
Buch gebunden, 15,5 x 23,5 cm, 220 Seiten mit 355 Abbildungen

Archiv Nr. 16 (ISBN 3 85649 016 7)

Swiss Steam

Normalspur-Dampflokomotiven in der Schweiz
Von Claude Jeanmaire

Das vorliegende Werk über Dampfrosse auf Schweizer Schienen bietet einen nach aufsteigender Achszahl geordneten Überblick über die verschiedenen Dampflokomotiv-Gattungen und -Typen. Ganz bewusst haben wir die Lokomotiven nicht nach Bahnen zusammengestellt, weil dies das Nachschlagen erschwert hätte. Zum anderen war nicht beabsichtigt, eine rein technische Abhandlung vorzutragen, sondern Lehrreiches mit Spass zu verbinden. Die Schweiz besass eine renommierte und weltbekannte Dampflokomotiv-Industrie. Das brachte eine willkommene Eigenständigkeit im Lokomotivbau, was durch alle Typen hindurch zum Tragen kommt.
Das vorliegende Buch enthält auf 256 Seiten insgesamt 610 Fotos und Zeichnungen aus allen Betriebsepochen.

Vapeur Suisse Les locomotives à vapeur à voie normale en Suisse

Cet ouvrage traite (en français) les locomotives à vapeur roulant en Suisse et offre un aperçu sur les divers genres et types de ces locomotives, classées selon l'augmentation du nombre des essieux. Intentionnellement nous nous sommes abstenus de les classer selon les compagnies ferroviaires pour faciliter la consultation. En outre, loin de vous présenter un exposé purement technique et tout au contraire nous avons cherché à combiner l'instruction avec le plaisir. En Suisse il existait une industrie construisant des locomotives à vapeur et dont la réputation s'étendait sur tout le globe. Ceci entraîna une autonomie appréciable dans la construction des locomotives à vapeur qui se manifeste sur tous les types. Dans ce livre de 256 pages, vous trouverez au total 610 photographies et dessins se rapportant à toutes les époques de leur mise en service.

Swiss Steam Standard-Gauge Steam Locomotives of Switzerland

This book has been made (with English text) to give an overall picture of the various types of steam locomotives used on Swiss railways. They are classified by the number of axles (wheel-arrangement) and not by companies. This ensures quick and easy reference as it was the author's intention to present the facts in the simplest possible way.
In the past Switzerland has been a worldfamous manufacturer of steam-motive power. Her designers had a fresh, individualistic approach which is clearly seen from the illustrations. Six hundred photographs and drawings originating from the first to the last days of steam have been used to illustrate a total of 256 pages.

Archiv Nr. 17 (ISBN 3 85649 017 5)

Bing, Modellbahnen unserer Grossväter

Bing, Granddad's Model Railways
Bing, les modèles de trains de nos grands-pères
Von Claude Jeanmaire

Eingehend wird die schicksalhafte Geschichte des Hauses Bing aus Nürnberg im Zeitraum von 1866 bis heute geschildert. Es handelt sich um die einst grösste Spielzeugfabrik der Welt. Vom einstigen grossen Konzern ist jedoch nur mehr eine Firma übriggeblieben. Die Modelleisenbahn-Produktion selbst wurde bereits 1932 eingestellt.
Das vorliegende Werk vermittelt in Wort und Bild einen abschliessenden Überblick über beinahe alle seinerzeit von Bing hergestellten Eisenbahnmodelle. Das war möglich durch den auszugsweisen Nachdruck der alten Kataloge dieser Firma, ergänzt durch seltene Aufnahmen aus Archiven von Sammlern und Museen. (Man beachte die Archive Nr. 28 und 29 über Bing.)
Deutsch — English — français.

Buch gebunden, 15,5 x 23,5 cm, 400 Seiten mit über 1000 Abbildungen

Archiv Nr. 18 (ISBN 3 85649 018 3)

Hundert Jahre Frankfurter Strassenbahnen

Von Horst Michelke und Claude Jeanmaire — Tramways of Frankfurt

Diese Studie zeichnet ein Bild von der Entwicklung aller schienengebundenen Nahverkehrsmittel in und um Frankfurt am Main. Seit die erste Pferdebahn am 19. Mai 1872 durch Frankfurts Strassen fuhr und diese Traktionsart 1899 von der «Elektrischen» abgelöst wurde, sind über hundert Jahre vergangen. Kein noch so ausführlicher Text könnte die technische Entwicklung des Rollmaterials so exzellent aufzeigen wie dieser Bildband.
Für technisch Interessierte sind viele Typen- und Streckenzeichnungen wiedergegeben.

Buch gebunden, 15,5 x 23,5 cm, 220 Seiten mit 346 Abbildungen

Archiv Nr. 19 (ISBN 3 85649 019 1)

Die elektrischen und Diesel-Triebfahrzeuge schweizerischer Eisenbahnen Dritter Teil:

Die Rhätische Bahn (Stammnetz)

Von Claude Jeanmaire — The Rhaetian Railway (Switzerland)

Als Fortsetzung zu den bereits erschienenen Büchern, Archiv Nr. 7 (SBB) und Nr. 12 (BLS), gesellt sich als dritter Band eine Studie über das Rollmaterial der Rhätischen Bahn dazu.
Es war um so mehr notwendig, ein derartiges Werk zu erarbeiten, als in der bisher vorhandenen Literatur nur bruchstückweise mit kurzen, oft oberflächlichen Abhandlungen, ja sogar mit nur einer Zeile über Lokomotiv-Bauarten und -Serien berichtet worden ist.
In diesem Buch erfolgt die eingehende Darstellung aller Fahrzeuge dieser Schmalspurbahn mit Hauptbahn-Charakter.
Die technischen Merkmale aller Bauarten, Betriebsergebnisse und Erfahrungen wurden hier zu einem kompletten Überblick zusammengestellt, unterstützt durch Typenpläne und Fotos aus alten Zeiten.

Buch gebunden, 21,5 x 27,5 cm, 360 Seiten mit 650 Abbildungen und Plänen

Archiv Nr. 20 (ISBN 3 85649 020 5)

Die elektrischen und Diesel-Triebfahrzeuge schweizerischer Eisenbahnen Vierter Teil:

Die Gleichstromlinien der Rhätischen Bahn

(BB — BM — ChA = RhB)
Von Claude Jeanmaire — The Rhaetian Railway: Direct-Current Lines

Dieses Buch berichtet als Fortsetzung von Archiv Nr. 19 über drei Bahnen und Strecken, die zur Zeit des Zweiten Weltkrieges der damaligen Rhätischen Bahn (Stammnetz) angegliedert wurden. Die **Berninabahn** (und deren Fahrzeuge), die **Bellinzona-Mesocco-Bahn** (und deren Fahrzeuge), die **Chur-Arosa-Bahn** (und deren Fahrzeuge). In Ergänzung zum Buch «Stammnetz» wird hier die Entstehungsgeschichte dieser drei Bahnen vorgestellt und das Rollmaterial mit der dem Autor eigenen Genauigkeit mit Bildern und Plänen dargestellt. Ergänzt durch Listen, betriebliche und geschichtliche Fakten. Es ist eines der besten schweizerischen Eisenbahnbücher!

Buch gebunden, 21,5 x 27,5 cm, 360 Seiten mit 650 Abbildungen und Plänen

Archiv Nr. 21 (ISBN 85649 021 3)

Schiffahrt auf dem Vierwaldstättersee

Steamboats and Motorships on the Lake of Lucerne (Switzerland)
Von E. Liechti, J. Meister, J. Gwerder und C. Jeanmaire

In Anlehnung an das Buch Archiv Nr. 9 über den Thuner- und Brienzersee, ist hier eine äusserst wertvolle Text- und Bildstudie entstanden. Getragen wurde die Arbeit von einem Team von Schiffs- und Eisenbahn-Freunden und der Firma Schiffahrtsgesellschaft Vierwaldstättersee. Das Buch beinhaltet eine genaue Beschreibung der 44 wichtigsten Schiffe des öffentlichen Verkehrs sowie Abhandlungen über die frühen Schiffsbetriebe, 390 Abbildungen und Pläne aller Dampf- und Motorschiffe. Buch gebunden, 15,5 x 23 cm, 240 Seiten

Archiv Nr. 22 (ISBN 3 85649 022 1)

Die Dampflokomotiven der Rhätischen Bahn
Von der Landquart–Davos-Bahn zur Rhätischen Bahn
The Steam Locomotives of the Rhaetian Railway
Von Claude Jeanmaire

Als Ergänzung zu den beiden Büchern über die elektrischen Triebfahrzeuge der Rhätischen Bahn (Stammnetz und Gleichstrombahnen, Nr. 19 und 20) ist dieses Buch gedacht. Das erste Kapitel berichtet über die **Landquart–Davos-Bahn.** Das zweite ist der Geschichte der Rhätischen Bahn bis zur Elektrifizierung gewidmet, verbunden mit einer Stammnetzreise durch acht Jahrzehnte. Das dritte Kapitel enthält eine äusserst genaue Darstellung aller bekannten (und auch weniger bekannten) Dampflokomotiven der Rhätischen Bahnen. Eine grosse Zahl von Typen- und Querschnittszeichnungen bietet Einblick in die Dampflokomotiven und ihre Wirkungsweise. Seltene ältere und neuere Fotos vom Betrieb und den Maschinen sowie Vergleichsaufnahmen weisen auf die Unterschiede in den Bauarten hin. Ein Buch ganz nach dem Herzen eines Dampflokomotivfreundes.

Buch gebunden, 21,5 x 27,5 cm, mit 208 Seiten und 400 Abbildungen und Plänen

Archiv Nr. 23 (ISBN 3 85649 023 X)

Die Oberaargauer Schmalspurbahnen
Interurban and Narrow-Gauge Railways between Solothurn and Langenthal (Switzerland)
Von René Stamm und Claude Jeanmaire

Die äusserst präzise und grundlegende Studie stellt die schmalspurigen Überlandbahnen im Gebiet zwischen Jurafuss, der Ambassadorenstadt Solothurn und den letzten Höhen des unteren Emmentals vor:
Die **Oberaargau–Jura-Bahnen** (OJB) und deren Vorgänger, die Langenthal–Jura-Bahn (LJB) und die Langenthal–Melchnau-Bahn (LMB) mit Geschichte und Fahrzeugen.
Die **Solothurn–Niederbipp-Bahn** (SNB), die Betriebsgeschichte und die Fahrzeuge.

Buch gebunden, 15,5 x 23,5 cm, 208 Seiten und 340 Abbildungen

Archiv Nr. 24 (ISBN 3 85649 024 8)

Schweizer Eisenbahnen
Von Claude Jeanmaire The Faces on Switzerlands Railways

Dieses Buch ist ein reiner Bildband mit Fotos aus der Geschichte vieler schweizerischer Eisenbahnen: Mit Dampflokomotiven, Elektrolokomotiven und Triebwagen, mit Berg-, Klein- und Nebenbahnen und den Strassenbahnen. Es bietet zum ersten Mal eine absolut untechnische Begegnung mit der so typischen Vielfalt der Schweizer Bahnen, die, bedingt durch unsere Eigenständigkeit, im Laufe der vergangenen 130 Jahre Eisenbahngeschichte, zu einem eigenen, modernen Eisenbahn-Design angewachsen ist.

Buch gebunden, 21,5 x 27,5 cm, mit 170 ganzseitigen Bildern auf 176 Seiten.

Archiv Nr. 25 (ISBN 85649 025 6)

Strassenbahnen in Osteuropa I Tramways of Eastern Europe
Von Hans Lehnhart und Claude Jeanmaire

Dieses Buch enthält eine Darstellung der in den westlichen Ländern, bedingt durch die politische Lage, weniger bekannten Strassenbahnbetriebe. Zum einen eine Zusammenfassung mit Daten und Streckenplänen, zum anderen eine Erfassung des Rollmaterials.

Grundlagen waren spärliche offizielle Unterlagen, vor allem aber Beobachtungen von Freunden der Strassenbahn. Die Autoren sehen Osteuropa nicht in seinen geografischen Grenzen, sondern in den politischen, die nach 1945 entstanden.
Das vorliegende Buch ist als 1. Teil konzipiert und beinhaltet die Bahnen der **Deutschen Demokratischen Republik** und diejenigen der **Volksrepublik Polen.** (II. Teil Archiv Nr. 32.)

Buch gebunden, 226 Seiten mit 295 Fotos und Streckenplänen

Archiv Nr. 26 (ISBN 3 85649 026 4)

Stuttgarter Strassenbahnen Tramwaylines of Stuttgart (Germany)
Von Gottfried Bauer, Ulrich Theurer und Claude Jeanmaire

Dieser erste Teil einer dreibändigen Folge berichtet über die Entwicklung der Strassenbahn-Linien der Landeshauptstadt von Baden-Württemberg. Zahlreiche Streckenpläne dokumentieren die Erweiterungen des Streckennetzes. Über 300 Abbildungen belegen die Veränderungen an Linienführung und Rollmaterial. Ein Strassenbahnbuch geschrieben und illustriert von «Spezialisten» der Strassenbahn.

Buch gebunden, 15,5 x 23,5 cm, 226 Seiten und über 300 Abbildungen

Archiv Nr. 27 (ISBN 3 85649 027 2)

Bieler Strassenbahnen Tramways of Biel (Switzerland)
Von Albert Ziegler und Claude Jeanmaire

Der Inhalt dieses Buches, in deutscher Sprache abgefasst, behandelt die Geschichte der Strassenbahn von Biel. Diese Stadt liegt an der Sprachgrenze Deutsch/Französisch. Hier trafen die SBB, die BTI und die BMB auf die Städtische Strassenbahn. Unser Buch beschreibt die Schmalspurbahnen mit dem Schwergewicht auf der **Städtischen Strassenbahn Biel,** der **Biel–Meinisberg-Bahn** und der **Biel–Täuffelen–Ins-Bahn.**

Buch gebunden, mit 288 Seiten, 15,5 x 23,5 cm, mit 286 Abbildungen
Dieses Buch ist auch in französischer Sprache zu haben:

Archiv Nr. 38 (ISBN 3 85649 038 8)

Tramways de Bienne (French version of book no. 27)
Par Albert Ziegler et Claude Jeanmaire

Le contenu de ce livre, rédigé en français, retrace l'historique des tramways de Bienne. Cette ville bilingue se trouve à la frontière des langues germaniques et francophones. C'est également le point de rencontre des **CFF** (Chemins de fer fédéraux suisses), du **BTI** (Chemins de fer Bienne–Täuffelen–Anet) et du **BMB** (Chemins de fer Bienne–Montménil) avec les tramways de Bienne. Notre livre décrit les chemins de fer à voie étroite, mais se rapporte avant tout à la **Compagnie des Tramways de Bienne,** des chemins de fer vicinaux **Bienne–Montménil** (BMB) et **Bienne–Täuffelen–Anet** (BTI).

Ouvrage relié de 262 pages, format 15,5 x 23,5 cm, avec 286 illustrat.

Archiv Nr. 28 (ISBN 3 85649 028 0)

Gebrüder Bing, die grossen Nürnberger, 1902 – 1904
Bing Bros., The Great Nuremberg Toy Factory, 1902 – 1904
Von Claude Jeanmaire

Frères Bing, Les grands de Nuremberg. Un livre de 336 pages, avec 2000 illustrations consacrées aux jouets techniques datant de 1902 à 1904.

Einst war die Firma Bing-Werke, vormals Gebrüder Bing, Nürnberg, 1886 gegründet, der grösste Spielwaren-Hersteller der Welt. Vor Jahren hat unser Verlag diese Firma übernommen und sich seither bemüht, die alten Händlerkataloge, die bisher der Öffentlichkeit nicht zugänglich waren, in 2. Auflage und ergänzt, sowie zu tragbarem Preis, neu aufzulegen. Das Buch ist durch zahlreiche Bilder und Berichte erweitert. Damit wird es zum einzigen verlässlichen Nachschlagewerk für alle Sammler von Spielzeug und Eisenbahnen dieser Epoche. Ähnlich den Büchern Nr. 4, 17, 29, 100–110.

Buch gebunden, 336 Seiten, 15,5 x 23,5 cm, über 2000 Abbildungen

Archiv Nr. 29 (ISBN 3 85649 029 9)

Gebrüder Bing, Spielzeug zur Vorkriegszeit, 1912 – 1915
Bing Bros., Toys before the First World War, 1912 – 1915
Frères Bing, Les jouets d'avant-guerre de 1912 à 1915. Un livre de 448 pages et environs 3000 illustrations sur les jouets de cette époque.
Von Claude Jeanmaire

Nach dem guten Erfolg der von unserem Verlag früher herausgegebenen Bücher über Bing hat der Autor den Händlerkatalog 1912 bis 1915 von Bing überarbeitet, mit Bildern und Fotos ergänzt und in zweiter Auflage herausgegeben. Zusätzlich haben Mitarbeiter und Autor viele neue Fakten zusammengetragen und auch ein Kapitel angegliedert, das die Datierung der alten Spielzeugeisenbahnen erleichtert. Ein einmaliges und äusserst wertvolles Nachschlagewerk für alle Spielzeug-Sammler.

Buch gebunden, 15,5 x 23,5 cm, mit über 3000 Abbildungen, 448 Seiten

Archiv Nr. 30 (ISBN 3 85649 030 2)

Turkish Steam: Dampflokomotiven in der Türkei
Von Rainer Schnell und Ulrich Schweim Turkish Steam Locomotives

Kenner der deutschen Dampflokomotivszene haben anlässlich einer Reise durch die Türkei diesen Bericht erstellt, der belegt, was der Ferienreisende in der Türkei zu erwarten hat, wenn er die Eisenbahnen beobachtet und fotografiert. In verschiedenen Kapiteln werden persönliche Erlebnisse aufgezeichnet, deren Lektüre einerseits sehr unterhaltsam und für mögliche Reisende sehr lehrreich ist. Im grossen Bildteil finden sich herrliche Fotos der Autoren über Züge, Dampflokomotiven, Strecken, Depots und Bahnhöfe. Eine sehr ungewöhnliche, fast abenteuerliche Reise, die für alle Freunde der Dampflokomotive von grossem Interesse ist. Das um so mehr, als Eisenbahnliteratur über dieses Land bisher fehlt. Das Buch ist für den Freund deutscher Dampflokomotiven in der Fremde von besonderem Interesse. Buch gebunden, 21 x 21 cm, mit 130 Fotos

Archiv Nr. 31 (ISBN 3 85649 031 0)

Berliner Strassenbahngeschichte II
History of Berlin Tramways II
Von S. Hilkenbach, W. Kramer und C. Jeanmaire

Archiv Nr. 6 unserer Buchreihe behandelt die rund 20 Berliner Strassenbahn-Gesellschaften und deren Betriebsgeschichte. Wie es sich in der Folge zeigte, fand das Buch bei Berlinern, Exil-Berlinern und Strassenbahn-Freunden in aller Welt grossen Anklang. Es war auch von Anfang an vorgesehen, eine Erweiterung in einem zweiten Band zu bringen. Hier einige Angaben zum Inhalt: Die Wagen der Vorläuferunternehmen bei der BVG; Arbeitswagen; Betriebshöfe; Tunnels; Strassenbahn im Krieg; Neubeginn 1945; Wagen in der Fremde; Fremde Strassenbahnwagen in Berlin; Haltestellen; Strassenbahn und Politik; Museumswagen; der Abschied; ein neuer Anfang im Osten der Stadt.

Buch gebunden, 15,5 x 23,5 cm, mit 376 Fotos und Abbildungen

Archiv Nr. 32 (ISBN 3 85649 032 9)

Strassenbahn-Betriebe in Osteuropa II
Tramway Systems of Eastern Europe II (full English texts)
Von Hans Lehnhart und Claude Jeanmaire

Dieses Buch ist der zweite Beitrag zur Geschichte der osteuroäischen Strassenbahnen, die Ergänzung zu Archiv Nr. 25. Die Autoren sehen Osteuropa nicht in seinen geografischen Grenzen, sondern in den politischen, die nach 1945 entstanden!
Nachdem in Archiv Nr. 25 die Strassenbahn-Betriebe der **Deutschen Demokratischen Republik** und der **Volksrepublik Polen** vorgestellt

werden konnten, präsentiert dieser Band als zweiter Teil die Strassenbahn-Betriebe folgender Länder: Der **Tschechoslowakei, Ungarn, Rumänien, Jugoslawien, Bulgarien** und des europäischen Teils der **Sowjetunion.**
Neben Fotos aller Betriebe sind Länder- und Streckenkarten vorhanden, Listen über die Anzahl und Art im Betrieb stehender Fahrzeuge und deren Betriebsnummern. Hinweise zu den Bauarten und Gattungen aus alter und neuer Zeit.

Buch gebunden, mit 226 Seiten, 350 Abbildungen, deutscher und englischer Text.

Archiv Nr. 33 (ISBN 3 85649 033 7)

Die Fahrzeuge der Stuttgarter Strassenbahnen
Streetcars, Rolling Stock of Stuttgart
Von G. Bauer, U. Theurer und C. Jeanmaire

Dieses Buch ist als Band II zum Archiv Nr. 26 gedacht. Während sich dieser mit den Strecken und Linien befasst, werden im zweiten Teil die Fahrzeuge in allen ihren Arten mit Bildern und Plänen eingehend vorgestellt. Das Buch ist in Grösse und Umfang noch reichhaltiger als Buch Nr. 26 ausgestattet.

Archiv Nr. 34 (ISBN 85649 034 5)

Reutlinger Strassenbahn Tramways of Reutlingen (Germany)
Von Wolf Rüdiger Gassmann und Claude Jeanmaire

Dieses Buch berichtet über die Entwicklung der Strassenbahn der Stadt Reutlingen. Angefangen bei der 1899 eingerichteten Lokalbahn Eningen–Reutlingen, die Modernisierung mit Elektrifizierung im Jahre 1912 und die folgenden Streckenerweiterungen zu verschiedenen Vorortgemeinden, bis zum Ende der Schienentraktion im Jahre 1974. Heute wird der Verkehr von den Autobussen getragen. Die Kapitel gliedern sich wie folgt: Geschichtlicher Abriss; Aufstieg und Niedergang der Strassenbahn; die Lokalbahn nach Eningen; die Strecken der elektrischen Strassenbahn; eingehende Darstellung aller Fahrzeuge: Triebwagen, Beiwagen, Arbeitswagen; Strecken- und Gleispläne; Karten; Bilder aus Alt-Reutlingen.
Buch gebunden, 208 Seiten, 330 Abbildungen, Fotos

Archiv Nr. 35 (ISBN 85649 035 3)

Strassenbahnen in Basel Tramways in Basle (Switzerland)
Von Werner Liechti und Claude Jeanmaire

Die Geschichte der B. St. B. / BVB von 1895 bis 1976, die Birseckbahn (nun Linie 10), die Birsigtalbahn auf Linie 17, die Überlandlinien zu Basels Vororten und die Modernisierungsperiode. Eingehende Darstellung der Strecken und des Rollmaterials. Ergänzungen zu Archiv Nr. 3. Die fast gänzlich modernisierte Basler Strassenbahn ist für den Strassenbahnhistoriker von ganz besonderem Interesse.

Buch gebunden, 226 Seiten, zirka 300 Abbildungen aus allen Betriebsepochen

Archiv Nr. 36 (ISBN 3 85649 036 1)

Die elektrischen und Diesel-Triebfahrzeuge schweizerischer Eisenbahnen Fünfter Teil:
Die Lokomotiven der Schweizerischen Bundesbahnen
The Electric Locomotives of the Swiss Federal Railways
Von Claude Jeanmaire

Inzwischen ist das 1970 erschienene Archiv Nr. 7 über die Schweizerischen Bundesbahnen vergriffen. Eine Neuauflage erschien dem Verlag nicht zweckmässig, da in den letzten Jahren eine grosse Zahl von neuen Lokomotiven und Triebwagen in Dienst gestellt wurden, die in Archiv Nr. 7 noch keine Erwähnung fanden. Mit gänzlich neuer Gestaltung, neuer Anordnung, mit neuen, bisher unveröffentlichten Fotos, mit Datenlisten in drei Sprachen (wie in den Archiven Nr. 19 und 20) erfolgt eine eingehende Darstellung aller Lokomotiven der Schweizerischen Bundesbahnen (Stand 1978).

Buch gebunden, 20,5 x 27,5 cm, 272 Seiten, 446 Fotos und Pläne

Archiv Nr. 37 (ISBN 3 85649 037 X)

Die elektrischen und Diesel-Triebfahrzeuge schweizerischer Eisenbahnen Sechster Teil:
Die Triebwagen und Kleinmotorfahrzeuge der Schweizerischen Bundesbahnen

Dieses Buch ist Bestandteil eines dreibändigen, umfassenden Werkes über die Triebfahrzeuge der Schweizerischen Bundesbahnen (Archive Nr. 36, 37 und 39). In ähnlicher Art wie die bereits erschienenen Bände über die Rhätische Bahn (Archive Nr. 19, 20 und 22).
(erscheint 1979)

Archiv Nr. 39 (ISBN 85649 039 6)

Die schmalspurige Brünigbahn der Schweizerischen Bundesbahnen

The Brünig Railway, Swiss Federal Railway's only Narrow Gauge Line

Buch gebunden, 20,5 x 27,5 cm, 208 Seiten, zirka 400 Fotos und Pläne

Archiv Nr. 40 (ISBN 85649 040 X)

Die Waldenburgerbahn
The Smallest Narrow Gauge Railway of Switzerland
Von Claude Jeanmaire

Dieses Buch erzählt die Geschichte der einzigen 75-cm-Schmalspurbahn der Schweiz, unterstützt mit über 150 Bildern, Fotos und Plänen zum Betrieb und Rollmaterial.

Buch gebunden, 15,5 x 23,5 cm, 100 Seiten, 155 Abbildungen

Archiv Nr. 41 (ISBN 3 85649 041 8)

Die Freiburger Strassenbahn (Breisgau, Deutschland)

Archiv Nr. 42 (ISBN 3 85649 042 6)

Elektrische Strassenbahn in München
Systematische Darstellung der Fahrzeugtypen mit Bildern und Plänen

Archiv Nr. 43 (ISBN 3 85649 043 4)

Die Osnabrücker Strassenbahn

Archive Nr. 70, 71, 72, 73

Schiffahrt auf dem Bodensee
Steamboats and Motorships on the Lake of Constance
Werk in vier Bänden.

In absehbarer Zeit erscheint bei uns ein Schiffsregister über alle Schiffe des öffentlichen Verkehrs, ähnlich den Archiven Nr. 9 und 21. Darin erfolgt eine Darstellung der Schiffstypen mit technischen Daten, Fotos und Typenzeichnungen sowie Rekonstruktionen. Jedes Buch gebunden, zirka 208 Seiten, 300 Fotos und Pläne.

Die Kapitel unserer Buchserie sind wie folgt gegliedert, wobei Umgruppierungen möglich sind:

Band 70, 1817 bis 1870. Vorwort. Wissenswertes über den Bodensee. Frühgeschichte. Hafenanlagen, Landestellen und Leuchttürme. Schifffahrtslinien, Trajektdienste. Die ersten Dampfschiffahrtsgesellschaften. Übernahme der Schiffahrt durch Eisenbahngesellschaften der Uferstaaten.
Schiffe: Die «Stephanie» des Johann Caspar Bodmer, badische, bayerische, schweizerische und württembergische Glattdeckdampfschiffe u. a. von 1817 bis 1870.

Band 71, 1871 bis 1918. Blütezeit der Dampfschiffahrt auf dem Bodensee. Als letzter Uferstaat tritt auch Österreich mit eigener Flotte auf. Schiffe: Die «klassischen» Halbsalon- und Salondampfschiffe von 1871 bis 1918, viele davon in Betrieb bis in die sechziger Jahre.

Band 72, 1919 bis 1945. Beginn der Motorschiffahrt auf dem Bodensee. Das letzte Dampfschiff, der Neubau «Stadt Überlingen», hält den Übergang zum Motorschiff nicht auf. Die ersten Autofähren. Schiffe von 1919 bis 1945. Kriegseinwirkungen.

Band 73, nach 1945. Wiederbeginn der Schiffahrt nach dem Zweiten Weltkrieg. Moderne Schiffsformen auf dem Bodensee. Umbau und Modernisierung vieler älterer Schiffe. Motorschiffe und Boote von 1945 bis heute.

Anhang: Register aller Schiffe und Boote. Zugehörigkeit nach Ländern und Gesellschaften. Bauwerften der Schiffe u. a. m.

Archiv Nr. 99 (ISBN 3 85649 099 X)

Die Emmental–Burgdorf–Thun-Bahn 1975
The Emmental–Burgdorf–Thoune Railway

Dokumentation anlässlich des 100jährigen Bestehens der Emmentalbahn (EB) und des 75jährigen Bestehens der Burgdorf–Thun-Bahn (BTB).
Der erste Teil behandelt zunächst die eisenbahnpolitische Situation in der Schweiz um 1850, es folgt in ausführlicher Weise die Entwicklung der Emmentalbahn (EB) von der Pferdebahn bis zur Elektrifizierung und anschliessenden Fusion um 1940. Die Burgdorf–Thun-Bahn (BTB) als die erste elektrische Vollbahn Europas. Geschildert werden die anfänglichen Schwierigkeiten, Probleme der Finanzierung, die Überlegenheit der Elektrifizierung in den beiden Weltkriegen usw. Der Rückblick schliesst mit der aktuellen Darstellung der Emmental–Burgdorf–Thun-Bahn im Lichte volkswirtschaftlicher und raumplanerischer Überlegungen.
Der zweite Teil stellt die EBT im Jahre 1975 vor. Der Leser erfährt von den Organen der Gesellschaft. Die «Organisation der Unternehmung» verrät Einzelheiten über den internen Betrieb der Privatbahngruppe. Schliesslich folgen noch einige Gedanken über die EBT als Teil des regionalen Verkehrsnetzes.
Die Dokumentation wird ergänzt durch zahlreiche Fotos, Grafiken und Tabellen, Rollmaterialverzeichnis, geografische Darstellungen.
Das Buch enthält 94 Seiten, 63 Illustrationen und grafische Darstellungen

Dampf-Archiv Nr. 1: **Dampflokomotiven in der Schweiz**

Eine Schallplatte mit Dampflokgeräuschen und ein Heft mit den zugehörenden Abbildungen bilden den Rahmen dieses Dampf-Archives. Tonimpressionen vom Dampflokfest in **Degersheim 1965;** mit der MThB Ec 3/5 Nr. 1, BT Nr. 9, Sihltalbahn E 3/3 Nr. 5.

Mit Dampf durchs Emmental:
Lok Ec 4/5 Nr. 8 der alten Emmentalbahn.

Schweizerische Bundesbahnen:
Lok E 4/4 und C 5/6 Nr. 2958.

Die Brienz–Rothorn-Bahn:
Die Zahnradlokomotiven Nr 3 und 7 am Berg.

Heft in Schutztasche mit zwanzig Grossbildern, 21 x 21 cm,
mit Schallplatte 33 T. vergriffen,

Dampf-Archiv Nr. 2:

Österreichische Schmalspur-Dampflokomotiven

Mit diesem Archiv erleben wir auf Schallplatte Fahrten mit folgenden Schmalspurbahnen:
Steiermärkische Landesbahnen: Strecke Weiz–Ratten
Zillertalbahn: Strecke Jenbach–Mayrhofen
Steyrtalbahn (OeBB): Strecke Klaus–Garsten
Geniessen Sie Schmalspurdampflokomotiven (76 cm Spurweite) in Aktion, bei Ihnen zuhause, zum Vertonen Ihrer Schmalfilme oder Dias, zum Abhören und Miterleben.

Heft in Schutztasche mit vielen Grossbildern, 21 x 21 cm, mit Schallplatte 33 T.

Dampf-Archiv Nr. 3:

Schmalspur-Dampflokomotiven in der Schweiz

Die Rhätische Bahn und die Furka–Oberalp-Bahn
Dieses Dampf-Archiv stellt uns Dampfloktypen der vorgenannten Bahnen anhand vieler seltener Fotos und Lok-Pläne vor. Erleben Sie zudem «life» mit der beiliegenden Schallplatte die Maschinen mit «Schnauben und Stampfen» über Berg und Tal, durch Schluchten und über Brücken fahrend.

Heft in Schutztasche mit Grossbildern und Plänen, Schallplatte mit 33 T.

Dampf-Archiv Nr. 4:

Die Waldenburgerbahn (bei Basel)

Diese Publikation wurde zum Ausgangspunkt für die 1970 wieder eingeführte Dampftraktion. vergriffen,

Dampf-Archiv Nr. 6:

Zahnradbergbahnen in Österreich

Von Claude Jeanmaire — Steam Cog Railways in Austria

In diesem Buch, mit einer Schallplatte, sind die heute noch betriebenen vier österreichischen Zahnradbergbahnen beschrieben:
Die Erzbergbahn mit den Lokgattungen 97.200, 197.300 und 297.400.
Die Schafbergbahn mit den Dampflokomotiven der Serie 999.101–106.
Die Schneebergbahn mit den Loks 999.01–05.
Die Achenseebahn mit ihren Lokomotiven, Betriebsbilder, Lok- und Wagenpläne.

Buch gebunden, 21 x 21 cm, mit über siebzig Grossabbildungen und Schallplatte 33 T.

Schweizerischer Eisenbahnkalender

Swiss Railway and Tramway Calendars

Lieferbar sind folgende Jahrgänge:
1970, 1971, 1972, 1973, 1974, 1975, 1976, 1977, 1978, 1979, 1980, 1981.

Hierbei handelt es sich um einen der originellsten Kalender, mit historischen Aufnahmen schweizerischer Eisenbahnen, zusammengefügt zu einem Doppelkalender mit 24 Grossbildern in Ringheftung. Bereits zum zehnten Male erschien im Verlag Eisenbahn dieser so begehrte Eisenbahnkalender, der wie die früher erschienenen zu einem Bilderbuch umgestaltet werden kann. 24 herrliche Fotos zeigen alljährlich Eisenbahnen mit Dampfbetrieb, elektrische Lokomotiven und Strassenbahnen.
Je nach Wunsch besteht die Möglichkeit, allmonatlich zwischen zwei verschiedenen Bildern zu wählen. Die Qualität des verwendeten Bildmaterials ist trotz seines hohen Alters (bis zu 100 Jahre) ausgezeichnet. Diese seltenen Aufnahmen wurden mit Ringheftung versehen, um jedem Sammler die Aufbewahrung zu erleichtern, denn mit den Jahren wird hier eine umfangreiche Bildsammlung entstehen, deren Bedeutung weit über diejenige eines Kalenders hinausreicht.
Doppelkalender, Format 32,5 x 25 cm

Die anderen Nürnberger

Technisches Spielzeug aus der «Guten alten Zeit»
The other Nurembergers, Technical Toys of the «Good Old Days»

Unter diesem Buchtitel veröffentlichen die Autoren Carlernst Baecker und Dieter Haas eine Buchserie in verschiedenen Bänden.

Diese Bücher beinhalten Nachdrucke von alten Spielzeugkatalogen in vorbildlicher Ausführung. Die Autoren sind Modellbahn-Freunde und stützen ihren Buchtitel auf die Publikationen **Bing,** Archive Nr. 17, 28 und 29 unseres Verlages. Bing war der einst grösste Spielwarenerzeuger in Nürnberg.
Die Zahl der «anderen Nürnberger» Spielwarenproduzenten war und ist gross, und deren Produkte sind für den Sammler von ganz besonderem Interesse. Die Bände beinhalten je zirka 500 Seiten mit gegen 4000 Abbildungen, dabei ist die Druckqualität oft besser, als es die Vorlagen waren. Die Themen sind Spielzeugabbildungen: Dampfmaschinen, Antriebsmodelle, Spielzeug-Eisenbahnen, Modelle von Autos, Schiffen und vielem anderem Spielgut, das unsere Väter und Grossväter entsprechend der vergangenen Zeit in ihrer Jugend zum Spielen erhielten. Diese alten Kataloge bergen manche Erinnerung an vergangene Zeiten.

(Texte in Deutsch, Français, English)

Les autres fabricants de jouets à Nuremberg. Un ouvrage de cinq livres traitant tous les autres maisons spécialisées sur les jouets à Nuremberg est édité par nos soins. Nous y trouvons tous les jouets fabriqués au «bon vieux temps». Plus de 2500 pages et des milliers d'illustrations donnent un aperçu complet sur l'industrie du jouet à Nuremberg. Avec des textes en français.

Band I: Kataloge von Karl Bub, Georges Carette & Cie, Joh. Distler KG und Doll & Cie.

Band II: Kataloge von J. Falk, Gebr. Fleischmann, (S. G.) Günthermann, Jos. Kraus & Co., Ernst Paul Lehmann.

Band III: Drei Hauptkataloge von E. Planck, von 1902 bis 1914, Hauptkataloge von Kohnstamm und George Levy. Abbildungen von J. A. Issmayer.
(Band I, II und III sind vergriffen, Einzelstücke nur auf spez. Wunsch)

Band IV: Kataloge von Gebr. Einfalt (Kosmos), Emil Hausmann, Jean Schoenner, Conrad Klein, A. Schuhmann (A. S.).

Band V: Karl Bub (Nachtrag), Georges Carette (Nachtrag), Moses Kohnstamm, Schuco, K. Arnold und R. und G. N.

Diese Bücher sind gebunden, Format A 4, mit je zirka 500 Seiten.

Archiv Nr. 100 (ISBN 3 85649 100 7)

Nürnberger Spielzeug: (von 1875 bis 1914)
Jean Schoenners Spielzeugbahnen und Schiffe

Jouets de Nuremberg:
Jean Schoenner, ses modèles de trains et bateaux

Toys of Nuremberg:
Jean Schoenner's Toy Railways and Ships

Von Claude Jeanmaire

Eine einmalige Dokumentation über die Bahnen der Spurweiten zwischen 28 mm und 115 mm und die herrlichen Spielzeugschiffe einer vergangenen Epoche. Darstellung der Firmengeschichte. Kapitel über Lokomotiven, die Spurweiten, Reisezug- und Güterwagen, Zubehör, Bahnhöfe, Bergbahnen, Strassenbahnen und Schiffe in allen Bauarten. Illustrationen und Fotos aller Modelle. 24 Seiten in Farbe, Reproduktion des ältesten farbigen Spielzeugkataloges.
Buch gebunden, 176 Seiten mit 425 Bildern und Stichen, 21 x 21 cm.
With full English text. Avec texte français.

Märklin — Technisches Spielzeug im Wandel der Zeit

Märklin — Jouets techniques au fil du temps
Märklin — Technical Toys in the Course of Time

Von Carlernst Baecker, Dieter Haas und Claude Jeanmaire

Die Buchserie ist in ihrer Art einmalig und basiert auf einer früheren Publikation unseres Verlages. Sie entsteht mit der freundlichen Unterstützung des Hauses Märklin, Göppingen, dem derzeit berühmtesten Hersteller von Spielzeug. Obwohl jeder Band der Buchreihe eine in sich abgeschlossene Epoche enthält, ist diese Serie doch ein Nachschlagewerk, wie wir es bisher nicht kannten. In den Sprachen **Deutsch, English, Français.** Neben anderem Spielzeug legen wir besonderes Gewicht auf die Darstellung der Spielzeugeisenbahn. Jeder Band, gebunden, 21,5 x 27,5 cm, beinhaltet zirka 256 bis 360 Seiten. Hervorragender Druck, teilweise in Farben. Neue, bisher unbekannte Dokumente und Unterlagen, Fotos und Berichte kann nun jeder Sammler zu tragbarem Preis selbst besitzen, ebenso die alten seltenen Händler- und Kundenkataloge. Die neue Buchserie für Sammler und Modellbahner ist wie wie folgt aufgegliedert:

Archiv Nr. 101 (ISBN 3 85649 101 5)
Märklin — Anfang bis Jahrhundertwende (lieferbar)

Archiv Nr. 102 (ISBN 3 85649 102 3)
Märklin — zur Kaiserzeit, bis 1908 (lieferbar)

Archiv Nr. 103 (ISBN 3 85649 103 1)
Die Märklin-Spielzeugeisenbahn, 1891–1915 (lieferbar)

Archiv Nr. 104 (ISBN 3 85649 104 X)
Märklin — neue Wege zum Erfolg, bis 1915 (lieferbar)

Archiv Nr. 105 (ISBN 3 85649 105 8)
Märklin — die Vorkriegszeit, bis 1915

Archiv Nr. 106 (ISBN 3 85649 106 6)
Märklin — neue Horizonte, 1919

Archiv Nr. 107 (ISBN 3 85649 107 4)
Märklin — die goldenen zwanziger Jahre

Archiv Nr. 108 (ISBN 3 85649 108 2)
Märklins Weg zur Modelleisenbahn, 1915–1945

Archiv Nr. 109 (ISBN 3 85649 109 0)
Märklin — die grosse Wende, bis 1945

Archiv Nr. 110 (ISBN 3 85649 110 4)
Märklin — die kleinen Spurweiten 00 und H0, 1935–1978 (lieferbar)

Archiv Nr. 111 (ISBN 3 85649 111 6)

Eisenbahn-Spielzeug — Jouets de Chemin de Fer

The History of the Railway Toy

Von Uwe Reher

Mit wissenschaftlicher Akribie geht der Autor der Entwicklung des Eisenbahnspiels und dessen Funktionen nach. In diesem Buch ist auch die Rede von Spielzeugmachern und deren Technologie. Durch die Verwendung wenig bekannter Quellen gelingt ein Einblick in die wirtschaftlichen, pädagogischen und psychologischen Zusammenhänge. Das grosse, bisher einmalige Werk umfasst neben einem umfangreichen wissenschaftlichen Textteil einen sehr interessanten Bildteil.

Buch gebunden, 20,5 x 27,5 cm, 216 Seiten, 140 Bilder, teils in Farbe.

Der Verlag hat weitere Bücher in Vorbereitung.

Bestellungen und Vorbestellungen sind mit Postkarte erbeten.

Unser Buchvertrieb liefert fast alle anderen Eisenbahnbücher der Erde, meist ab Lager.

Verlag Eisenbahn CH-5234 Villigen AG Schweiz/Suisse/Switzerland

Buchverlag und Vertrieb für Eisenbahn- und Strassenbahnliteratur, Spielzeug- und Modellbahnbücher

Edition et distribution de livres sur les chemins de fer et les tramways, livres de jouets anciens et de modèles de trains

Publisher and distributor of books on railways, tramway systems, early toys and model railways